Navio Maria

Ano 1827
Imigração Alemã no Brasil

EAFF
2023

Ademar Felipe Fey 1ª edição

ADEMAR FELIPE FEY

Navio Maria - Ano 1827: Imigração Alemã no Brasil

1ª edição

Caxias do Sul
Edição do Autor
2023

Fey, Ademar Felipe (F433i).

Navio Maria - Ano 1827: Imigração Alemã no Brasil/ Ademar Felipe Fey. – 1. ed. – Caxias do Sul: Ademar Felipe Fey, 2023. 120 p.

ISBN 978-65-00-61209-7

Capa: imagem central disponibilizada por cortesia de Marhisdata Rotterdam (2020) e corresponde a um veleiro tipo “Brig” de dois mastros.

Notas:

- Apesar dos cuidados e revisões, podem ocorrer erros de digitação e de ortografia, além de erros de grafia ou dúvidas relativas aos nomes dos navios e dos passageiros. Em qualquer hipótese, solicitamos a comunicação para o e-mail ademar.fey@gmail.com, para que possamos esclarecer ou encaminhar a questão.

- Nem o editor nem o autor assumem qualquer responsabilidade por eventuais danos ou perdas a pessoas ou bens, originados do uso desta publicação.

Resumo/Abstract/Zusammenfassung:

O presente trabalho apresenta o navio Maria e seus passageiros, os quais imigraram para o Brasil a partir de vários reinos na antiga Confederação Germânica (a maioria do reino da Prússia) no ano de 1827. A maior parte destes imigrantes participou da fundação da colônia de Santo Amaro, próxima a São Paulo, no ano de 1829 (oficialmente). O livro apresenta, a partir da documentação encontrada, além de várias outras fontes, a lista de passageiros mais completa possível, o presumível roteiro da viagem, a origem e destino da maioria dos imigrantes e um resumo sobre a colônia de Santo Amaro. Este trabalho apresenta mais de cento e trinta referências bibliográficas que podem ser utilizadas pelo leitor no aprofundamento do estudo da Imigração Alemã no Brasil.

The present work presents the ship Maria and its passengers, which immigrated to Brazil from several kingdoms in the former Germanic Confederation (mostly from the Prussian kingdom) in the year 1827. Most of these immigrants participated in the foundation of the colony of Santo Amaro, near São Paulo, in the year from 1829 (officially). The book presents, from the documentation found, in addition to several other sources, the most complete passenger list possible, the presumed itinerary of the trip, the origin and destination of most immigrants and a summary of the colony of Santo Amaro. This work presents more than one hundred and thirtyy bibliographical references that can be used by the reader in the deepening of the study of German Immigration in Brazil.

Die vorliegende Arbeit stellt das Schiff Maria und seine Passagiere vor, die im Jahr 1827 aus mehreren Königreichen des ehemaligen Deutschen Bundes (meist Preußen) nach Brasilien eingewandert sind. Die meisten Einwanderer beteiligten sich an der Gründung der Kolonie Santo Amaro bei São Paulo im Jahr ab 1829 (offiziell). Das Buch präsentiert anhand der gefundenen Dokumentation neben mehreren anderen Quellen eine möglichst vollständige Passagierliste, die mutmaßliche Reiseroute, die Herkunft und das Ziel der meisten Einwanderer und eine Zusammenfassung der Kolonie Santo Amaro. Diese Arbeit präsentiert mehr als einhundertdreißig bibliografische Referenzen, die vom Leser zur Vertiefung des Studiums der deutschen Einwanderung in Brasilien verwendet werden können.

ALGUNS PENSAMENTOS EM HISTÓRIA E GENEALOGIA

"*Se nós não sabemos para onde vamos, devemos pelo menos tentar entender de onde viemos para adivinhar em que situação estamos*" (Jules Romains)

(Fonte: <http://www.schuindt.com.br/Historia/HistDificViagem.html>. Acesso em 19/10/2018)

"*A História é um mito reescrito por cada geração*" (Voltaire)

(Fonte: https://dicionariocriativo.com.br/citacoes/genealogia/citacoes/ascend%C3%AAncia. Acesso em: 19/10/2018)

"A criação do procedimento genealógico, no pensamento nietzscheano, foi uma forma de conseguir unir a filosofia e a história sem cair em teleologias ou em um puro arquivamento de dados históricos" (Vinicius Siqueira)

(Fonte:< https://colunastortas.com.br/o-que-e-a-genealogia-em-nietzsche/>. Acesso em: 19/10/2018)

"Todo o autor, nascendo uma geração mais tarde, repudiaria a sua obra; não há um que, ao envelhecer, não acredite ter progredido sobre a sua mocidade" (Joaquim Nabuco)

(Fonte:<https://dicionariocriativo.com.br/citacoes/genealogia/citacoes/ascend%C3%AAncia>. Acesso em: 19/10/2018)

"Ninguém existe sozinho, ninguém vive sozinho. Todos somos o que somos porque outros foram o que foram" (Julio Medem)

(Fonte:< https://amenteemaravilhosa.com.br/arvore-genealogica/>. Acesso em: 19/10/2018)

"Esquecer os ancestrais é como ser um riacho sem nascente, uma árvore sem raízes" (Provérbio Chinês)

(Fonte:< https://www.pensador.com/arvore_genealogica/9/>. Acesso em: 19/10/2018)

AGRADECIMENTOS

Este livro foi produzido graças a um trabalho prévio de inúmeros historiadores e genealogistas, aos quais deixamos registrado nosso reconhecimento.

Nossos agradecimentos também aos participantes dos seguintes grupos de genealogia e instituições:

- Biblioteca da Universidade de Caxias do Sul
- Biblioteca da Universidade Unisinos (São Leopoldo)
- Biblioteca Municipal de Caxias do Sul
- Biblioteca Nacional – Midiateca
- Grupo Genealogia: Listas de des/embarque - Imigrantes do mundo - Facebook
- Grupo Imigração Alemã no Brasil (Yahoo) - Facebook
- Grupo Imigração Germânica no Estado de São Paulo - Facebook
- Grupo RS-Gen – Facebook
- Instituto Martius-Staden
- Revista Municipal da Cidade de São Paulo
- Faculdade de Filosofia, Letras e Ciências Humanas da Universidade de São Paulo.

Um agradecimento de forma especial deve ser feito a alguns pesquisadores que me auxiliaram no processo de escrita deste novo livro.

Agradeço ao Sr. Dr. Onno Boonstra, pesquisador e escritor holandês, que forneceu documentos que nos auxiliaram em nossa atual pesquisa.

Também agradeço imensamente a ajuda do Sr. Dr. Lothar Wieser ao nos fornecer indicações de fontes bibliográficas na Alemanha e de bases de dados onde se procurou dados dos imigrantes desta leva.

O Dr. Lothar Wieser é um professor aposentado, (ensino secundário na Alemanha) e estudou ciências políticas, sociologia e ciências do esporte na Universidade de Heidelberg. Foi funcionário do Instituto de História do Esporte da Baixa Saxônia, Hoya. Realizou publicações sobre a história do esporte em Hanover. Fez viagem de pesquisa como bolsista do DAAD (Serviço Alemão de Intercâmbio Acadêmico) no Brasil. Obteve seu Doutorado pela Universidade de Göttingen, com a tese sobre a história da emigração alemã e o desenvolvimento da ginástica alemã no Brasil. Foi Professor em escolas secundárias em Baden, nas disciplinas de estudos sociais, história e esportes. Escreveu numerosas publicações sobre a história social da ginástica e do esporte. Seu foco de pesquisa na área de esportes e imigração é a ginástica em Vormärz, revolução de 1848/49 e emigração, simbolismo do movimento ginástico, corpo de bombeiros de ginastas, ginástica e esportes em Mannheim, escoteiros no Brasil e a ginástica e esportes na América do Sul. Possui publicações sobre a emigração de Baden para o Brasil. É Membro do Conselho Consultivo Científico do Instituto de História do Esporte de Baden-Württemberg, Maulbronn e Chefe do Departamento de Pesquisa de Emigração da Badisch-Südbrasilianische Gesellschaft, Karlsdorf-Neuthard.

Recebi também uma ajuda fundamental do pesquisador genealogista alemão Heinrich Augustin que me auxiliou na busca da origem dos imigrantes que viajaram no veleiro Maria, valendo-se do seu banco de dados particular. Meus sinceros agradecimentos a ele.

Por fim, agradeço também de forma muito especial à minha família (Izabel, Anderson e Sabrina) pelo apoio e paciência ao longo dos 6 anos de minha pesquisa sobre a Imigração Alemã no Brasil (período de 1824 a 1830) e durante os mais de 12 meses que este presente trabalho levou para ser concluído.

Ademar Felipe Fey

Caxias do Sul, janeiro de 2023

APRESENTAÇÃO

Este livro foi criado com o objetivo de relatar a história da viagem do navio veleiro Maria e auxiliar o leitor na localização de seus ancestrais de origem alemã que vieram para o Brasil no ano de 1827 como seus passageiros imigrantes, mais especificamente para o estado brasileiro de São Paulo, chegando ao seu destino, pelo menos a maioria, também no ano de 1827. Estes imigrantes foram os fundadores da Colônia de Santo Amaro na então província de São Paulo.

Pretende-se que este trabalho seja um ponto de auxílio para a definição da árvore genealógica das famílias de descendência alemã que estavam no citado navio.

Acreditamos que este trabalho contenha a lista mais atualizada disponível no presente momento sobre o navio transatlântico Maria, tendo em vista as fontes localizadas até aqui.

No período de 1824 a 1830 quarenta e dois (42) navios transatlânticos trouxeram imigrantes alemães para o Brasil e eles são abordados no livro "Imigração Alemã no Brasil: Navios e Passageiros Anos 1824 a 1830". Nesta obra as datas de chegadas foram corrigidas e ordenadas (salvo poucas exceções devidamente explicitadas no texto do livro) e as listas dos passageiros foram atualizadas ao longo da pesquisa específica sobre este período.

Embora todo o esforço dispensado na busca de maiores informações sobre o navio veleiro tratado neste trabalho, e sua lista de passageiros, é possível que atualizações possam ser realizadas com o passar do tempo e com o aparecimento de novas fontes de consultas, especialmente sobres os nomes de seus imigrantes e sua origem.

As fontes das informações e dados coletados sobre o presente livro e sobre a Imigração alemã no Brasil (mais de 120) estão relacionadas no final deste trabalho.

Sugestões, críticas e pedidos de informações podem ser enviados para o e-mail ademar.fey@gmail.com.

Consulte nosso(s) *website(s)* para acesso a outros documentos relativos à história da imigração Alemã no Brasil:

https://imigracaoalemanobrasil.com

http://www.familiafey.wordpress.com

AVISOS

Esta publicação pode conter imprecisões ortográficas e técnicas ou erros tipográficos. Periodicamente são feitas alterações nas informações aqui contidas; essas alterações serão incorporadas em novas edições da publicação. O autor pode fazer melhorias e/ou alterações nesta publicação a qualquer momento sem aviso prévio.

Os dados inseridos no livro podem conter incorreções em função da falta de documentos que comprovem a grafia correta dos nomes dos passageiros e até mesmo que confirme em qual navio estava um avulso ou uma determinada família de imigrantes.

Todavia foram realizados os maiores esforços para entregar ao leitor as informações mais corretas possíveis.

As informações contidas nesta publicação são de caráter informativo e introdutório, sendo da responsabilidade do leitor buscar aprofundamento no assunto se desejar aplicar os conhecimentos descritos nesta publicação.

Esta obra na forma de livro eletrônico (e-book) não é editável e a impressão não é permitida.

O e-book disponibilizado na versão do autor é individual e personalizado (em nome do comprador), não sendo permitido empréstimo e nem revenda a terceiros, ou seja, é para uso pessoal e intransferível.

A versão de livro impresso também está disponibilizada.

CONSIDERAÇÕES INICIAIS.

Este livro é um trabalho que visa determinar dados da viagem e a relação dos passageiros do navio Maria, que trouxe imigrantes alemães para o Brasil, no ano de 1827, no período denominado de “a primeira corrente imigratória da colonização alemã no Brasil”, que englobou os anos de 1824 a 1830.

O navio Maria trouxe especialmente colonos para o Brasil, sendo que o destino deles foi principalmente o estado de Pernambuco, conforme veremos mais adiante.

À medida que novos documentos sejam disponibilizados aos pesquisadores, é possível que este trabalho seja atualizado.

O livro até o presente momento está dividido da seguinte forma:

Na **Introdução geral** realizamos um estudo básico referente à imigração alemã no Brasil (período de 1824 a 1830, especialmente) e apresentação dos navios que serão detalhados no presente trabalho.

No **Capítulo 1** apresentamos o navio **Maria,** porto e data de partida e porto e data de chegada, além de outros detalhes da viagem.

No **Capítulo 2** apresentamos **o roteiro da viagem** dos imigrantes desde a Alemanha até o Brasil. Aqui são exibidos documentos comprovando a viagem.

No **Capítulo 3** apresentamos **a comprovação da ida dos imigrantes para a Holanda e partida do porto de Amsterdã** através de documentos da época.

No **Capítulo 4** apresentamos a **relação de passageiros** e informações sobre eles.

No **Capítulo 5** apresentamos as localidades de **origem dos colonos**, seu **destino no Brasil** e **informações gerais sobre esta leva de imigrantes**.

No **Capítulo 6** apresentamos a **Colônia Santo Amaro**, sua origem, desenvolvimento e extinção.

Na **Conclusão** apresentamos nossas considerações e saudação final, além de dados para pesquisa adicional.

Nas **Referências** citamos mais de cento e vinte fontes (120) bibliográficas para consulta adicional ao tema aqui tratado e sobre a Imigração Alemã no Brasil (relacionadas segundo as Normas Vancouver de referências numéricas consecutivas).

Nos **Apêndices** citamos outras obras deste autor.

Esperamos que o conteúdo deste livro contribua para o aumento do conhecimento do prezado leitor sobre o tema abordado.

Para qualquer sugestão ou informação sobre o material e demais considerações favor contatar pelo e-mail ademar.fey@gmail.com.
For any suggestions or information about the material and other considerations please contact by e-mail ademar.fey@gmail.com.

SUGESTÕES PARA UTILIZAÇÃO DESTE LIVRO

Abaixo seguem algumas orientações genéricas para utilização deste livro (e de outros livros da nossa coleção "Imigração Alemã no Brasil").

Baseado nos dados genealógicos coletados sobre uma determinada pessoa ou família, localize o sobrenome desejado em nosso livro, baseando-se na provável data da chegada no Brasil.

Localizado o sobrenome desejado, você pode buscar maiores informações nas obras citadas, mas recomendo principalmente as seguintes:

Para as **colônias do Rio Grande do Sul** (principalmente para os imigrantes cujo destino final foi a colônia de São Leopoldo):

HUNSCHE[1,2,3] – Localize o verbete como sobrenome encontrado e veja as informações disponibilizadas, tais como, dados pessoais, relação de familiares, local de origem, etc.

ROSA[17] – Verifique o sobrenome desejado pela data de entrada em SLE (São Leopoldo) e confira as demais informações exibidas, tais como, dados pessoais, origem, relação de familiares, etc.

Para as **colônias de São Paulo** (Santo Amaro, principalmente) indicamos o artigo/livro de Zenha.[20]

Para as **colônias de Santa Catarina** (São Pedro de Alcântara, principalmente) recomendamos os livros de Jochem,[64] Mattos[96] e Philippi.[97]

Para as **colônias do Paraná** (Rio Negro, principalmente) indicamos o livro de Arbigaus et al "**1° Centenário da Colonisação Allemã - Rio Negro - Mafra – 1829**",[65] o artigo de Forjaz[73] e o livro de Fugmann.[75]

Para a **colônia Santa Amélia** na cidade de Recife, estado de Pernambuco, indicamos a obra de Auler.[92]

Para os imigrantes que serviram o **exército imperial**, recomendamos duas obras:

LEMOS[39] – se o imigrante serviu o exército imperial brasileiro, o livro de Lemos possui uma lista por ordem de sobrenome onde destaca em que companhia/batalhão o imigrante atuou.

Andrä[87] – além da relação dos soldados que serviram o exército imperial (1824 a 1830), traz também informações sobre alguns dos navios utilizados na época. A relação dos navios não está completa.

Para alguns navios, as informações das outras fontes informadas em nossos livros são primordiais para a busca de maiores informações sobre os próprios navios ou passageiros deles.

Boa sorte em sua pesquisa!

Ademar Felipe Fey

CONVENÇÕES UTILIZADAS NESTE LIVRO

- Em alguns casos usamos de artifícios gráficos, tais como, **negrito, aspas, colorido, primeira letra em maiúscula**, **fonte do caractere aumentada**, no intuito de chamar a atenção dos leitores para algum aspecto relevante do texto.
- As **citações** estão no texto com **números sobrescritos** (Normas **Vancouver** de referências numéricas consecutivas) que remetem à obra citada nas **referências bibliográficas** (exemplificando: conceito[11], onde o "11" é o número da referência).
- Nas **listas de passageiros**, os números subscritos, ao lado de um nome de passageiro, referem-se exclusivamente ao **número da observação a ser consultada** no final da própria lista de passageiros (não tendo, portanto, relação com as referências bibliográficas).
- Também nas **listas de passageiros**, **o(s) nome(s) entre parênteses ao lado do imigrante** se referem a possíveis **variações ao sobrenome** dele e não indicam citação de autor(es). Sempre que possível o autor citado no item da observação do imigrante será discriminado ou colocado entre parênteses no final da observação.
- Nas **citações** usando **obras e jornais de época,** utilizaremos, sempre que possível, a **grafia original**.
- A **introdução geral** e as **referências** são idênticas a todos nossos livros que abordam os navios com imigrantes alemães que chegaram ao Brasil no período de 1824 a 1830.
- Nas observações referentes às listas dos passageiros a **idade aproximada** do imigrante é apresentada entre parênteses, dada em ano(s). A idade aproximada é calculada pela diferença entre **o ano de chegada ao Brasil e o ano de nascimento**.

ATUALIZAÇÕES DA 1ª EDIÇÃO DESTE LIVRO

- Devido ao possível surgimento de novas fontes de informações, poderá haver necessidade de atualizações desta edição.
- O leitor poderá contribuir para atualizações/correções enviando e-mail para ademar.fey@gmail.com informando o capítulo e o número de ordem na lista de passageiros, a correção/atualização desejada, citando a fonte das novas informações.

SUMÁRIO

INTRODUÇÃO GERAL

Este Capítulo introdutório apresenta um pequeno histórico das primeiras colônias alemãs criadas no Brasil, a tabela contendo a relação dos navios utilizados para a imigração alemã nos anos de 1824 a 1830, considerações sobre o Major Schäffer (encarregado pelo governo imperial para arregimentar colonos e soldados na Europa) e algumas informações sobre a bibliografia recomendada.

AS PRIMEIRAS COLÔNIAS ALEMÃS NO BRASIL

As primeiras colônias com imigrantes alemães (exceção para colônia São Januário que era composta por imigrantes irlandeses) foram as seguintes (relação passível de atualização, pois existem indícios de prováveis colônias alemãs em Minas Gerais e Espírito Santo no período citado abaixo):[35]

- 1816 Almada/BA (particular, por Pedro Weyll), no sul da Bahia; [37,89]
- 1818 Colônia Leopoldina, Bahia (particular, por Jorge G. Freyreiss, com apoio D. João VI);[72,89]
- 1818 São Jorge de Ilhéus, Bahia (particular, por Pedro Weyll);[86,89]
- 1818 Rio da Salsa/BA (governo); [37,72]
- 1818/1819 Nova Friburgo, Rio de Janeiro, colonos alemães e suíços (governo);
- 1822 Frankental/Bahia, de Georg Anton Von Schäffer, empreendimento particular;[70]
- 1822 Colônia da Mandioca, Rio de janeiro, do Barão Georg Heinrich von Langsdorff, "com noventa e quatro imigrantes, vindos especialmente da Alemanha para essa empreitada, visando o cultivo de novas espécies e a introdução de modernas técnicas agrícolas entre nós".[36] Empreendimento particular;
- 1824 São Leopoldo/RS (D. Pedro I);
- 1825 São João das Missões (Governo Provincial do Rio Grande do Sul);
- 1825/1826 Torres/Dom Pedro de Alcântara/RS (D. Pedro I);
- 1826 Três Forquilhas/RS (D. Pedro I);
- 1826 Catucá (D. Pedro I?); tentativa de eliminar um quilombo lá existente;
- 1828 Colônia São Januário, Bahia (Taperoá, Ilhéus); irlandeses (D, Pedro I); [37]
- 1828/1829 Colônia de Santa Amélia (Catucá), Recife (Governo Provincial Pernambuco);
- 1829 Santo Amaro/SP (D. Pedro I);
- 1829 Itapecerica/SP (D. Pedro I);
- 1829 Rio Negro/PR (D. Pedro I);
- 1829 São Pedro de Alcântara/SC (D. Pedro I);

Em 16 de março de 1820, foi promulgada uma lei especial, que "visava promover a emigração alemã para o Brasil, e prometia a cada imigrante católico um presente de terras; os cuidados e despesas da viagem ficavam de resto a cargo de cada um".[35]

Quase todas as colônias citadas acima foram "baseadas em doação de terras e durante alguns anos socorridas com dinheiro pelo tesouro do império". [35]

NÚMERO DE IMIGRANTES ALEMÃES NO RIO GRANDE DO SUL PERÍODO 1824-1830

O Rio Grande do Sul foi o estado brasileiro que recebeu o maior número de imigrantes alemães.

Segundo Aurélio Porto (p. 41) esta foi a estatística da chegada de imigrantes alemães ao Rio Grande do Sul entre 1824 e 1830:

1824 126
1825 909
1826 828
1827 1.088
1828 99
1829 1.689
1830 117

O total é de 4.856 imigrantes chegados ao RGS no período citado acima.

NÚMERO DE IMIGRANTES ALEMÃES NO BRASIL NO PERÍODO 1824-1830

Baseado no número de navios confirmados que trouxeram imigrantes alemães no período de 1824 a 1830, estimamos a seguinte quantidade de imigrantes alemães vindos para todo o Brasil:

Rio Grande do Sul: 4.856 imigrantes;
São Paulo: 1.200 imigrantes;
Rio de Janeiro: 600 imigrantes;
Santa Catarina: 600 imigrantes;
Paraná: 300 imigrantes;
Pernambuco: 140 imigrantes;
Bahia: 100 imigrantes.

Segundos dados do IBGE,[69] o número de imigrantes de origem alemã no Brasil entre 1824 e 1847 foi de 8.176 (o que fica próximo de nossa estimativa inicial de quase 7.800 imigrantes alemães no período de 1824 a 1830, levando em consideração os sete estados tratados em nosso período de pesquisa).

Levando em consideração que muitos imigrantes alemães (possivelmente a sua maioria) que vieram servir ao exército imperial brasileiro acabaram ficando no Brasil ao exército ser dissolvido, o que ocorreu no final de 1828 em diante, procedemos a uma nova atualização dos dados da imigração alemã no Brasil.

Pelos dados atualizados (2022) de nossa pesquisa sobre a Imigração Alemã no período de 1824 a 1830, chegamos aos seguintes números de imigrantes alemães (incluindo soldados e colonos):

- **Anos 1824 e 1825**: teriam sido 4.303 imigrantes alemães a chegarem ao Brasil (tratados em nosso livro "**Imigração Alemã no Brasil: Navios e Passageiros Anos 1824 e 1825**").
- **Anos 1826 e 1827**: teriam sido 2.728 imigrantes alemães a chegarem ao Brasil (tratados em nosso livro "**Imigração Alemã no Brasil: Navios e Passageiros Anos 1826 e 1827**").
- **Anos 1828 a 1830**: teriam sido 3.533 imigrantes alemães a chegarem ao Brasil (tratados em nosso livro "**Imigração Alemã no Brasil: Navios e Passageiros Anos 1828 a 1830**").

Ou seja, no período de 1824 a 1830 chegaram 10.564 imigrantes alemães ao Brasil. Este número é estimativo e novas fontes e novos documentos poderão exigir atualizações futuras.

É importante lembrar que muitas listas de passageiros do período citado foram perdidas e, portanto, em nossos livros a quantidade de imigrantes citados é menor do que este número estimado acima divulgado.

Existem também citações de alguns navios que não constam de nossa lista de 42 navios, pois até o momento não se comprovou a existência e chegada dos mesmos ao Brasil.

Em 15 de dezembro de 1830 uma nova lei foi promulgada (Lei do Orçamento), proibindo "quaisquer despesas com a colonização estrangeira, e o governo do império, por conseguinte, se retraiu de qualquer cooperação direta".[35]

Como era de se esperar, toda a imigração cessou a partir da lei citada.

A partir da metade do século XIX a imigração alemã reiniciou, indo até a segunda metade do século XX. O auge da imigração ocorreu entre os anos de 1924 a 1933 quando 61.723 imigrantes entraram no Brasil (Fonte: DW.COM, "As diferentes fases da imigração alemã no Brasil", acessada em 11/11/2020).

MAJOR GEORG ANTON VON SCHÄFFER

Muitos dos navios relacionados em nossos livros foram contratados pelo Major Schäffer (Georg Anton von Schäffer, grafado de forma aportuguesado como Jorge Antônio Schaeffer), a mando de D. Pedro I. Schaeffer foi um agente da colonização a serviço do governo imperial na Europa.

Carlos Henrique Oberacker Jr, em seu livro "Jorge Antônio Von Schaeffer: Criador da Primeira Corrente emigratória Alemã para o Brasil", cita que Schaeffer teria contratado 21 navios com imigrantes alemães entre os anos 1823 e 1828. Alguns historiadores afirmam que este número pode subir a 27 navios.

Aparentemente de temperamento e personalidade difícil, segundo seus críticos da época, Schaeffer recebeu reclamações de colonos, militares e políticos tanto na Alemanha como no Brasil.

Porém, parece inquestionável que após iniciar a sua atuação como agenciador de colonos e militares, a pedido do governo imperial brasileiro, a organização das expedições se tornou mais confiável e com menor número de vítimas na travessia transatlântica.

O fim de Schaeffer parece ainda cercado de mistério e incertezas.

Após a sua atuação como recrutador de colonos e militares para o Império Brasileiro, Schaeffer retornou ao Brasil em 02/07/1828, pelo navio Harmonie (veja o capítulo correspondente a este navio). Acreditamos que no final de 1828 Schaeffer deixou de trabalhar como agenciador do governo Imperial.

Sabemos que Schaeffer no início de 1829 encontrava-se em sua propriedade na colônia de Frankental, Bahia.

A colônia de Frankental era vizinha da colônia Leopoldina.[72] Ficava situada no sul da Bahia, aproximadamente onde é hoje Nova Viçosa, às margens do rio Jacarandá, afluente do rio Peruíbe (A colônia Leopoldina-Frankental na Bahia Meridional: Uma colônia europeia de plantadores no Brasil. Por Carlos H. Oberacker Jr).

O fato da estada de Schaeffer em Frankental em 1829 é confirmado pela notícia veiculada no Jornal Império do Brasil: Diário Fluminense, do dia 09/02/1829, transcrita abaixo:

> Saídas do dia 06/02/1829.... Caravellas; L. S. João, M. Salvador de Jesus; equipagem 7, em lastro: passageiros os Allemães Jorge Antonio Schaeffer, Carlos Esaberg, o Tenente Carlos Hien, João Jorge Sulz, André Bauman, Felipe Leonardo Paider, e Pedro Hausel, com passaportes da dos Secretaria de Negócios Estrangeiros, o Suisso Alexandre Caudensier, com Portaria dos Negocios do Império, e 46 escravos, com Passaportes da dos Negocios da Marinha; ...

No capítulo do livro acima citado "O fim de Schäffer", o autor assim se pronuncia a respeito desse assunto (p. 86):

> O fim do criador da primeira corrente emigratória alemã para o Brasil é ignorado, símbolo da ingratidão humana. Há quem afirme que morreu solitário nas úmidas selvas do sul da Bahia. Sabemos somente que após 4 meses de estada em Frankental voltou à Alemanha, onde queria procurar, em caldas quentes, alívio para os sofrimentos que lhe causava a gota. A última carta de Schäffer a D. Pedro é de Göttingen e datada de 12.11.29. Nela roga "um emprego diplomático" na Baviera ou em Hanôver para "aliviar hum corazão soffrendo e continuar os meus Dias mais uns dez Annos"

O cargo teria sido negado. Não sabemos se, de fato, esta foi a última carta de Schaeffer para D. Pedro. Sabemos que anteriormente Schaeffer tinha tentado obter um título de nobreza e que lhe fossem pagos "apólices de empréstimo", conforme consta na obra de Oberacker Jr (p. 86).

Encontramos algumas evidências de que Schaeffer esteve na Europa no ano de 1829. No início de agosto de 1829 estava em Munique, provavelmente no casamento de Dom Pedro I e a nova imperatriz Amélia (realizado em 02/08/1829), segundo o jornal Münchener Conversations-Blatt, de 05 de agosto de 1829. Em novembro de 1829 foi reportado a passagem de um "Major do Império do Brasil" von Schäffer, nas cidades de Nürnberg e Bayreuth (Bavaria/Alemanha), com destino a Rostock (Jornal Der Friedens und Kriegs-Kurier de 30 de novembro de 1829).

De fato em 1829 Schaeffer esteve na Alemanha, mas com certeza ele retornou ao Brasil, conforme podemos verificar na notícia do Jornal do Comércio (RJ), do dia 22/07/1834, transcrita abaixo:

> Entradas do dia 21/07/1834.... Da Bahia – 11 d., Brig. Americano Phenix, 268 tons., M. Samuel S. Green, ... – 17 d., Patacho Minerva, 97 tons., M. Francisco Fortunato Pereira da Silva, equip. 13; carga vinho, e gêneros ao Mestre; passag. George Antonio Schaeffer, Venceslau Miguel de Almeida. ....

No livro de Lee B Croft "George Anton Schaeffer: Shipping Germans to Brazil",[71] o autor cita que Schaeffer possuía duas filhas: Ingrid e Júlia. Sua esposa teria sido a Barbara. Segundo Croft, Schaeffer teria morrido em 1836 na colônia Frankental, junto ao túmulo de sua falecida esposa Barbara, ao sofrer, provavelmente, um ataque do coração.

Tschudi[76] (p. 200) também menciona que Schaeffer teria morrido em Frankental, provavelmente em 1836. Tschudi cita que "Schäffer deixou sua fortuna para sua única filha e a colocou sob a tutela de seu amigo" (tradução livre do autor).

Porém há (mais) divergências sobre os últimos dias de vida e sobre a família de Schaeffer no Brasil, conforme podemos verificar na dissertação de Alane Fraga Carmo, "Colonização e escravidão na Bahia: a Colônia Leopoldina, 1850-1888".[70]
A autora desta dissertação encontrou registros de Schaeffer na colônia de Frankental, mais especificadamente na Fazenda Jacarandá, indicando que Schaeffer possuía uma família lá constituída, diferindo os dados apresentados com o livro de Croft.

> Jorge Antonio Von Schaeffer faleceu em 1838, provavelmente na Europa, e teve seu inventário aberto em Caravelas no ano de 1843. Naquela comarca era proprietário da fazenda Jacarandá, na Colônia Leopoldina, onde após sua morte passou a morar a viúva Guilhermina Florentina de Schaeffer, e sua única filha, D. Theodora Romana Luiza de Schaeffer, que aparece numa relação de fazendeiros no ano de 1840 como produtora de café, brasileira e solteira.

Sobre o destino da Colônia de Schaeffer a mesma autora informa:

> Os documentos não deixam claro, mas, ao que parece a fazenda Jacarandá que foi de Schaeffer, assim como a propriedade de João Martinho Flach, passaram a fazer parte do conjunto de fazendas denominado Colônia Leopoldina após a extinção da Colônia Frankental, em 1838, inclusive aderindo ao uso da mão de obra escrava na lavoura de café. Em 1840, o nome de Theodora Schaeffer, filha do Coronel, estava entre os lavradores da Colônia Leopoldina, e constava ter em sua posse 37 escravos, 25 adultos e 12 crias. Em 1848, a referida fazenda Jacarandá contava com três brancos - a viúva, a filha e o genro de Schaeffer - e 30 escravos.

Há ainda uma terceira hipótese sobre o fim de Schaeffer. Ele teria morrido à míngua como auxiliar de catequese de índios botocudos às margens do rio Doce (curso de água da Região Sudeste do Brasil, com cerca de 853 km de extensão, que banha os estados de Minas Gerais e Espírito Santo e que foi muito utilizado na colonização daquela região), conforme é citado na biografia do Almirante Antônio Luís von

Hoonholtz (HOONHOLTZ, Tetrá de Teffé von. Barão de Teffé, militar e cientista, Biografia do Almirante Antônio Luís von Hoonholtz. Centro de Documentação da Marinha, Rio de Janeiro, 1977).

Sobre a ida de Schaeffer para a Alemanha após 1834 (ano em que localizamos a referência de sua estada no Brasil, conforme anteriormente mencionado), onde teria falecido, não localizamos nenhum registro que comprove tal fato, o que não significa que ela não tenha ocorrido.

Parece que os últimos dias de Schaeffer ainda precisam ser melhor investigados para confirmar onde ocorreu a sua morte, em que circunstâncias e quem seriam seus familiares.

ORGANIZAÇÃO DO LIVRO E CAPÍTULOS

Quando o livro tratar apenas de um navio ele terá uma organização e divisão de capítulos específicos.

Quando se tratar de um livro envolvendo vários navios, para a ordenação dos capítulos e organização do livro em si, será levada em consideração a data de chegada dos navios que aportaram no Brasil nos anos de 1824 a 1830, não importando a data de chegada dos imigrantes ao seu destino final (normalmente a colônia para onde os imigrantes foram destinados).

NAVIOS TRANSATLÂNTICOS VERSUS NAVIOS COSTEIROS

No início do século XIX os imigrantes alemães eram trazidos para o Brasil através de navios transatlânticos do tipo veleiros.

Os navios transatlânticos eram navios, na sua maioria, munidos com três (3) mastros, apropriados para viagens em alto mar, chamados de forma geral como navios veleiros (propulsão à vela – dependentes dos bons ventos para a realização da viagem). Lembramos que os navios a vapor (autônomos em relação aos ventos) começaram a ser utilizados efetivamente apenas a partir da metade do século XIX (1850 em diante).

Por sua vez, os navios costeiros eram de menor porte, normalmente de dois (2) mastros e apropriados para viagens próximas da costa brasileira (ou seja, não apropriados para viagens em alto mar).

Ao chegar ao porto de destino através de um navio transatlântico, em nosso caso, normalmente o porto do Rio de Janeiro, os imigrantes eram enviados para um local provisório onde permaneciam aguardando o envio para seu destino final, em viagem realizada por um navio costeiro. Normalmente, no período pesquisado neste trabalho, a praia de Armação era o local onde os imigrantes permaneciam por um período que variava, na maioria dos casos, de 15 dias a 3 meses.

Tanto os navios transatlânticos quanto os costeiros possuíam vários tipos, cada um com suas denominações e características próprias.

Transatlânticos: galeota, galera, brigue, etc.
Costeiros: sumaca, bergantim, brigue-escuna, patacho, etc.

A seguir exibimos uma tabela resumida contendo os navios transatlânticos que trouxeram os emigrantes alemães para o Brasil, no período que trata este trabalho.

Lembramos que estão ordenados pela data de chegada do navio em um dos portos brasileiros.

Como mencionado, estes dados podem sofrer atualizações.

RELAÇÃO DOS NAVIOS TRANSATLÂNTICOS ANOS 1824 a 1830, COM IMIGRANTES ALEMÃES, POR ORDEM DE CHEGADA AO BRASIL

Nr	Navios	Data Saída	Chegada RJ	Número Colonos	Número Soldados	Total	Porto de Partida/Obs.
01	Argus	(24/06/1823) 27/07/1823	13/01/1824	134	150	284	Amsterdã. Cap. Ehlers/Zink. P. Sauerbronn/R. J. Colônia de Nova Friburgo.
02	Caroline (1ª)	(17/12/1823) 25/01/1824	13/04/1824	180	51	231	Hamburgo. Cap. Jacob von der Wettern. Colônia Nova Friburgo. "30 mortos".
03	Anna Louise (1ª)	24/03/1824	04/06/1824	126	200	326	Hamburgo. Cap. Johann Heinrich Knaack. Os 39 primeiros colonos. S. Leopoldo.
04	Germania	09/05/1824 03/06/1824	14/09/1824	70	213	283	Hamburgo/ Glückstadt. Cap. Manoel Hans Voss. Ex-presidiários de

							Mecklemburg. P. Ehlers e Dr. Hillebrand. 66 col. SLE. Relato de Schlichthorst.
05	Georg Friedrich. (1ª)	27/06/1824	11/10/1824	145	330	475	Hamburgo/Altona. Cap. J. P. C. Rosilius. T. Forquilhas. Relato de Schumacher.
06	Peter & Maria	27/07/1824	12/11/1824	74	206	280	Hamburgo. Heinrich Hintze.[1] P. Voges. “20 mortos”. Relato de Lineau.
07	Der Kranich (1ª)	25/09/1824	15/01/1825	146	121	267	Hamburgo. Cap. Claus Friedrich Becker. “Os melhores...”.
08	Tríton	16/01/1825	13/03/1825	Mínimo 8	Mínimo 6	100	Hamburgo. Cap. Johann Samuel Gottlieb Wilhelm Paap. Cavalos D. Pedro I.
09	Caroline (2ª)	17/01/1825	04/04/1825	112	170	282	Hamburgo. Cap. Jacob von der Wettern.
10	Wilhelmine	04/12/1824 16/02/1825	21/04/1825	294	90	384	Hamburgo/ Glückstadt. Cap. Gottlieb Nathaniel Jacob Meyburg.
11	Fortuna (1ª)	09/06/1825	02/10/1825	71	129	200	Hamburgo. Cap. Claus Hoop. Com. Transp. Carlos Luis Bode.
12	Friedrich Heinrich	25/08/1825	08/11/1825	376	-	376	Amsterdã. Cap. Peter Zink.
13	Georg Friedrich (2ª)	20/08/1825	20/11/1825	72	373	445	Hamburgo via Glückstadt. Cap. Johann

							Peter Christian Rosilius.
14	Creole (1ª)	09/09/1825	28/11/1825	294	78	372	Hamburgo. Cap. Jacob Bendixen. Pastor Klingelhoefer. Campo Bom.
15	Der Kranich (2ª)	04/10/1825	19/01/1826	216	85	301	Hamburgo. Cap. Klaus Friedrich Becker.
16	Anna Louise (2ª)	13/10/1825	27/02/1826	186	187	373	Hamburgo. Cap. Johann Heinrich Knaack.
17	Caroline (3ª)	16/11/1825	26/02/1826	5?	2?	7?	Hamburgo. Cap. Jacob von der Wettern. Relato de Seidler.
18	Comp. Patie	10/10/1825	27/04/1826	82	0	82	Amsterdã. Cap. Francisco Stavers. 200 p/ Buenos Aires, Navio aprisionado.
19	Friedrich	01/06/1826	04/08/1826	73	165	238	Bremen. Cap. Hans C. Stille. Relato de Mansfeldt.
20	Brodtrae	07/07/1826	28/09/1826	106	144	250	Bremen. Cap. Bendin Bendixen.
21	Creole (2ª)	22/07/1826	11/11/1826	226	162	388	Bremen. Cap. Jacob Bendixen.
22	Betzy & Marianne	16/11/1826	02/1827	6	32	38	Bremen. Cap. Joachim. Bahia. D. Scheel.
23	Epaminon-das	07/07/1827	28/09/1827	526	0	526	Amsterdã. Cap.Coneraad Brandligt.
24	Maria	31/07/1827	24/10/1827	226	0	226	Amsterdã. Galera holandesa. Cap. Kraanstuyver. Col. Santo

							Amaro. Rio e Santos.
25	Creole (3ª)	01/10/1827	03/12/1827	54	173	227	Bremen. Cap. Jacob Bendixen. SPO.
26	Union	14/08/1827	14/12/1827	76	0	76	Antuérpia. Cap. Jacob Rickamers.
27	Reward	07/08/1827 19/12/1827	28/01/1828	18	0	18	Cork/Ilhas Canárias (sobreviventes do Elisa + 18 embarcados)
28	Fortuna (2ª)	23/12/1827	30/03/1828	52	200	252	Bremen. Cap. Richard Richelsen. Rel ato de Trachsler.
29	Alexander	07/04/1828	02/06/1828	168	0	168	Amsterdã. Bergantim. Cap. P. F. Colas. Colônia Santo Amaro/SP.
30	Harmonie	01/05/1828	02/07/1828	24	225	249	Bremen. Cap. Lanknau ou Lauckman. Maioria soldados (Molitor, klüppel, Muller, etc). 4 fam. 21 pessoas (NF?). Schaeffer.
31	Johanna Jacoba	29/04/1828	15/07/1828	318	0?	318	Roterdã/ Amsterdã Cap. R. J. Spilliard. Desterro/SC.
32	Actif	30/04/1828*	08/1828	122?	0?	122	Amsterdã. Cap. Jean Baptiste Gerick. Santa Amélia/PE. * Data estimada.
33	Creole (4ª)	15/06/1828	17/08/1828	169	230	399	Bremen. Cap. Jacob Bendixen. Sto. Amaro - Zenha

							- rel. nomes p. 78-84. RGS 10 soldados e Mathias Mombach.
34	Charlotte & Louise	19/06/1828	23/08/1828	217	6	223	Bremen. Cap. Hermann Wessels. Colonos de Rio Negro/PR. Catarina Ângela Kaufmann, primeira religiosa alemã no Sul do Brasil. Fim da contratação de soldados.
35	Louise	27/07/1828	20/10/1828	260	40	300	Bremen. Cap. Lueder Mertens. Últimos soldados já contratados anteriormente. Colonos foram para Desterro/SC.
36	Goldfinch	22/09/1828	08/11/1828	5	0	5	Via Falmouth. Família Neumeyer.
37	Olbers	03/10/1828	13/12/1828	752	28	780	Bremen. Cap. Johann Michael Herklots. Maior navio com passageiros imigrantes. (Mathias Franzen).
38	James Laing	02/01/1829	08/02/1929	313	0	313	Falmouth. Cap. Sughrue. Náufragos do Helena Maria ("Cäcilia").
39	Fortuna (3ª)	13/11/1829 16/12/1828	13/03/1829	0	262	262	Bremen/ Plymouth. Soldados enviados ao Brasil,

							impedidos de desembarcar na Europa pelos ingleses. Prováveis ex-soldados enviados para RS em 1829/1830.
40	Louise Barbara	08/01/1829	23/03/1829	99	0	99	Amsterdã. Cap. M. J. J. Lausen. Destinados ao RS (Conceição Imperador, 18/06/1829).
41	Creole (5ª)	29/06/1829	01/09/1829	13	0	13	Bremen. Cap. Jacob Bendixen. 13 colonos destinados ao RS. Famílias Allgayer.
42	Olbers (2ª)	26/05/1830	26/07/1830	30	0	30	Bremen. Cap. A. N. Galyen. Família Momberger.

NOTAS SOBRE A LISTA DE NAVIOS E PASSAGEIROS

- Os dados apresentados neste livro podem não estar completos e apresentar erros. No entanto, foi o que se melhor pode produzir em virtude dos dados e fontes disponíveis até o presente momento.
- Há muita divergência sobre a grafia do nome dos navios e também da data de partida e chegada entre os autores pesquisados.
- O mesmo ocorre em relação ao número de soldados e imigrantes embarcados nos navios.
- Diversas situações podiam causar a alteração do número e nominata de passageiros: mortes, nascimentos, desistências, abandono, etc.
- Contamos com poucas listas contendo a relação de passageiros (aparentemente) original. As relações de passageiros foram perdidas, também aparentemente, durante o período entre a 1ª e a 2ª Guerra Mundial.
- Em alguns casos incluímos passageiros num determinado navio baseado na experiência adquirida ao longo da pesquisa, levando em conta datas, nomes dos demais passageiros, parentesco, navio costeiro, entre outros fatores. O

surgimento de novas fontes podem provocar alterações na lista proposta para um determinado navio.

- A relação de passageiros exibida é um esforço de pesquisa bibliográfica, pesquisa na Biblioteca Nacional (Midiateca) e pesquisa livre na Internet. As fontes utilizadas estão disponíveis nas referências bibliográficas.
- Todo imigrante alocado para servir ao exército Imperial, sem o destino final descoberto após ter sido liberado do serviço do exército foi inserido na localidade do Rio de Janeiro (RJO) com o ano da data de chegada do navio.
- A viagem marítima naquele tempo (navios veleiros) poderia levar até 90 dias, em condições normais. Em condições anormais (ocorrência de tempestades, ventos desfavoráveis, danos no navio, etc.) o tempo de viagem poderia ser maior.
- Infelizmente, o número de mortes nas viagens transatlânticas podia chegar a 15%.
- Qualquer contribuição para atualização desta obra pode ser enviada A/C de Ademar Felipe Fey, e-mail ademar.fey@gmail.com.

LEGENDA UTILIZADA NESTE LIVRO (SIGLA DE ENTIDADES E LOCALIDADES)

AN Arquivo Nacional
ATC Antonio Carlos/SC
BA Bahia
BN Biblioteca Nacional
CB Campo Bom/RS
DI Dois Irmãos/RS
EV Estância Velha/RS
FAL Falmouth/Inglaterra
FBOG Famílias Brasileiras de Origem Germâncias – Publicação do IMS
FRA Frankental/Bahia
HV Hamburgo Velho/RS
ICA Itapecerica da Serra/SP
IMS Instituto Martius-Staden (SP)
LG Lomba Grande/RS
MIS Colônia das Missões/RS
NF Nova Friburgo
NHO Novo Hamburgo
PAE Porto Alegre
PNG Paranaguá/PR
RB Rio Bonito/RJ
RGS Rio Grande do Sul
RJ Estado do Rio de Janeiro
RJO Cidade do Rio de Janeiro
RN Rio Negro/PR
RS Rio Grande do Sul

SAM Santo Amaro/SP
SC Santa Catarina
SJH São José do Hortêncio/RS
SJM São João das Missões/RS
SLE São Leopoldo
SMA Santa Maria/RS
SP Estado de São Paulo
SPA São Pedro de Alcântara/SC
SPO Cidade de São Paulo
STA Santa Amélia/PE
STS Santos/SP
TER Teresópolis/RJ
TOR Torres/RS

LEGENDA UTILIZADA NESTE LIVRO (SIGLA DO EXÉRCITO IMPERIAL)

BC Batalhão de Caçadores
BF Batalhão de Fuzileiros
BG Batalhão de Granadeiros
Cia Vol Companhia de Voluntários Alemães em São Leopoldo/RS
EL Esquadrão de Lanceiros
RE Regimento de Estrangeiros

ABREVIAÇÕES/SIMBOLOGIA GENEALÓGICAS UTILIZADAS

a ano(s) - idade
ct. católico
cat. católico
cc. casado com
ev. evangélico
f. falecido em dd/mm/aa
m mês(es) - idade
n. nascido em dd/mm/aa
oo x casamento número x
pr. protestante
vva viúva
vvo viúvo
* nascido em dd/mm/aa
+ falecido em dd/mm/aa

GRAFIA UTILIZADA PARA CIDADES E ESTADOS ALEMÃES, E PAÍSES NA EUROPA

Em alguns casos citamos os países na Europa e os Estados na Alemanha na sua grafia normal e em outros com grafia traduzida para a língua portuguesa. Segue a lista da grafia original em alemão e em português:

- Baden Bade (hoje estado de Baden-Württemberg, capital Suttgart)
- Bayern Baviera (Bavária)
- Brandenburg Brandemburgo
- Bremen Brema
- Berlin Berlim
- Dänemark Dinamarca
- Hamburg Hamburgo
- Hannover Hanôver
- Hessen Hesse
- Mecklenburg Mecklemburgo
- Mecklenburg-Vorpommern Mecklemburgo-Pomerânia Ocidental (Capital Schwerin)
- Niedersachsen Baixa Saxônia (Capital Hannover)
- Nordrhein-Westfalen Renânia do Norte-Vestfália (Capital Düsseldorf)
- Preuβen Prússia
- Rheinland-Pfalz Renânia-Palatinado (Capital Mainz)
- Schweden Suécia
- Schweiz Suíça
- Saarland Sarre
- Sachsen Saxônia (Capital Dresden)
- Sachsen-Anhalt Alta Saxônia (Capital Magdeburg)
- Schleswig-Holstein Eslésvico-Holsácia (Capital Kiel)
- Thüringen Turíngia (Capital Erfurt)
- Württemberg Vurtemberga (hoje estado de Baden-Württemberg)

GRAFIA ADOTADA NOS NOMES DOS IMIGRANTES

- Sempre que possível forneceremos o nome original do imigrante na língua alemã.
- Sempre que **o imigrante for localizado** na obra de Rosa (destino Rio Grande do Sul), seguiremos a grafia adotada por este autor, salvo exceções.
- Sempre que um imigrante for citado pelos jornais da época ou outro autor **e o seu paradeiro não for localizado**, normalmente iremos manter a grafia original, para possibilitar a procura/identificação por parte de outros pesquisadores.

FONTES UTILIZADAS PARA COLETAR INFORMAÇÕES DESTE LIVRO

Para elaboração do(s) livro(s) foram utilizadas mais de oitenta fontes para coletar as informações e dados utilizados neste livro, as quais estão relacionadas nas referências bibliográficas.

Todavia, as obras-chave desta coleta de informações foram as seguintes:

- **Hunsche**, referências números **1, 2 e 3.**
- **Porto**, referência número **38.**
- **Rosa**, referência número **17.**
- **Lemos**, referência número **39.**
- **Andrä**, referência número **87.**
- **Zenha**, referência número **20.**
- **Jochem**, referência número **64.**
- **Mattos,** referência número **96.**
- **Philippi,** referência número **97.**
- **Arbigaus** et al, Livro **"1° Centenário da Colonisação Allemã - Rio Negro - Mafra – 1829"**, referência número **65**.
- **Forjaz**, referência número **73**.
- **Auler**, referência número **92**.
- Site **Paróquia Martin Luther**, referência número **6.**
- **Acervo digital da Biblioteca Nacional (BN)**, referência número **53.**

De **Porto** coletamos informações dos navios Friedrich Heinrich, Der Kranich (2ª viagem), Company Patie, Friedrich e Brodtrae.

De **Hunsche** coletamos informações de vários navios, tanto transatlânticos como costeiros, além da confirmação de vários passageiros nos verbetes com dados genealógicos.

De **Rosa** conferimos os imigrantes localizados em outras fontes e conferimos também a nomenclatura a ser utilizada, além de dados complementares de um determinado imigrante.

Em **Lemos** e **Andrä** buscamos informações pertinentes em que unidade de exército imperial um determinado imigrante serviu.

De **Jochem, Mattos** e **Philippi** buscamos informações sobre as colônias do atual Estado de Santa Catarina.

Do livro de Arbigaus et al, "**1° Centenário da Colonisação Allemã - Rio Negro - Mafra – 1829**" e do artigo de **Forjaz** coletamos informações sobre a colônia de Rio Negro, no atual estado do Paraná.

De **Auler** coletamos informações da colônia Santa Amélia, no Recife.

Consideramos as nove primeiras obras acima relacionadas como básicas para quem pretende estudar a imigração alemã nos estados analisados neste trabalho e descobrir dados de sua ascendência genealógica.

No acervo digital da Biblioteca Nacional coletamos informações importantes e complementares de vários navios e passageiros.

Do site da Paróquia Martin Luther, coletamos dados gerais dos navios que trouxeram imigrante alemães para o atual Estado do Rio Grande do Sul e da lista parcial de cada navio apresentada, sempre que existente. Embora as listas apontassem apenas os sobrenomes, elas foram como uma espécie de guia em nossa procura pelos imigrantes em cada navio.

Vários livros e artigos complementaram as informações coletadas e foram muito importantes para elucidação do navio e paradeiros dos imigrantes e creio que vão auxiliar os leitores em suas pesquisas genealógicas.

INFORMAÇÕES ADICIONAIS E SUGESTÕES

Qualquer informação/correção dos nomes dos imigrantes que estão relacionados nesta obra é bem-vinda.

Favor reportar pelo e-mail ademar.fey@gmail.com, citando o capítulo (navio, quando dor o caso), nome do imigrante e o número na relação de passageiros daquele navio.

Indicar, sempre que possível, uma fonte confiável, onde se baseia a correção necessária.

O nosso intuito é definir o navio que trouxe o imigrante alemão ao Brasil, o nome original do imigrante e indicar para que colônia ele foi enviado.

Sempre que possível, será feito um resumo com dados básicos do imigrante e sua família.

Agradecemos antecipadamente.

Fim da Introdução geral.

CAPÍTULO 1 O NAVIO MARIA

1.1 INTRODUÇÃO

O vigésimo quarto (24º) desembarque de imigrantes alemães em solo brasileiro, no período de 1824 a 1830, foi efetuado pelo navio **Maria**.[131]

A galera holandesa Maria foi capitaneada por J. H. Kraanstuiver.[3] Como este navio não transportava militares, não havia capitão de transporte.

Num ofício de três de novembro de 1827 vemos que o comandante foi chamado de João Henrique Kraanstuiver pelas autoridades brasileiras da época (anexo 01). Seu nome completo era Jan Hendrik Kraanstuiver, também grafado como J. H. Kraanstuijver (holandês).

Um capitão chamado J. K. Kraanstuiver navegou no navio Maria Johanna (ou Johanna Maria) de 1827 a 1838, de Amsterdam. Não sabemos se é o mesmo capitão do Maria.[99]

O veleiro Maria era um navio tipo fragata de 2 decks e 3 mastros, cargueiro, com capacidade de carga de 351 toneladas (Site Marhisdata).[128]

Esta galera (termo antigo e genérica para embarcação movida à remos e à vela, com dois ou três mastros) holandesa possuía lastro de pedra (para manter o peso e estabilidade do navio).

Hunsche (p. 160) encontrou um registro do navio Maria no Arquivo Municipal de Amsterdã com os seguintes dados:

> Contrato da fragata Maria, depositado no inventário 128 do Gemeentelijke Archiefdiesnst de Amsterdam, Capitão Jan Hendrik Kraanstuiver, Fragata Maria. Bandeira Neerlandesa, para: Rio de Janeiro, dia 19 de junho de 1827. Agentes Marítimos: Senhores C. S. H. Kraanstuiver, tripulação 14 pessoas Ass. J. Dallian.

Saiu de Amsterdã em 31/07/1827 (alguns historiadores antigos supunham que ela teria saído de Bremen), chegando ao Rio de Janeiro em 24/10/1827.

O Jornal Império do Brasil: Diário Fluminense do dia 26/10/1827, parte dada do dia 24/10/1827, relata assim a chegada deste navio (anexo 07)

> Entradas... Dia 24 de Outubro – Amsterdam; 85 dias, a G. Hol. Maria, M. J. M. Kraan Stuquer (sic), equipagem 15, carga azeite, vinho, e outros generos, a Brander Brand: transporta 227 Collonos Prussianos, inclusos 52 mulheres, e 110 crianças; diz o Mestre que

> no dia 16 do corrente encontrou uma pequena Escuna Corsario de Buenos Ayres, por nome Raio Argentino, três léguas ao mar da Redonda, a qual lhe fez fogo com 3 tiros, e vindo o Comandante a seu bordo lhe tomou 12 armas, e um caixão de fazendas, e lhe passarão a bordo José Jacintho Pacheco, Mestre do Bergantim Orestes e a tripulação do dito, que vinha de Angola e o tinhão aprisionado no dia 14 do corrente. ...

Por sua vez, o Diário do Rio de Janeiro de 25/10/1827 parte dada do dia 24/10/1827, assim relata a chegada deste navio

> Entraram a Galera Holandeza Maria, de Amsterdã em 85 dias (2): traz 227 Collonos "Persianos" (sic) para o império: a saber, 65 homens, 52 mulheres e 110 crianças, morreram 3 homens, duas mulheres e 9 crianças; diz o Mestre que no dia 16 do corrente encontrou uma Escuna d. Buenos Aires, três léguas ao mar da Ilha Redonda, a qual lhe fez fogo, e veio a seu bordo o Comandante que o roubou e lhe pos a bordo José Jacintho Pacheco, Mestre do Bargantim Nacional Orestes que vinha de Angola e foi apresado no dia 14: ...

Segundo Zenha,[20] pelo navio Maria, chegaram 226 emigrantes alemães para a colônia de Santo Amaro/SP , no porto do Rio de janeiro em 24/10/1827.

De acordo com Hunsche apud Zenha (Quadriênio, p. 158) os colonos firmaram contrato de colonização do Império brasileiro com Schaeffer em Bremen.

No entanto, por não transportar militares, é possível que este navio não tenha sido contratado por Schaeffer, como o próprio Hunsche cita na nota de nº 38, no rodapé da p. 161 do mesmo livro "É provável que os colonos embarcados no Maria tenham sido contratados por Souza Dias, agente comercial do Brasil em Aix-la-Chapelle, e não por Schaeffer."

Outra possibilidade é que os colonos do Maria tenham contratado por conta própria o transporte por este navio, como ocorreu com outros navios que saíram de Amsterdã na mesma época.

Em 01/12/1827 (anexo 08) partiram do Rio para Santos (ainda no navio **Maria**) lá chegando em 13/12/1827 com os 226 emigrantes (42 famílias e 5 avulsos, conforme o jornal Império do Brasil: Diário Fluminense). De Santos, os imigrantes foram enviados para a Colônia de Santo Amaro, na então Província de São Paulo.

Na realidade, o governo da província de São Paulo não estava preparado para receber os imigrantes e eles passaram por vários locais até chegarem a Santo Amaro. A colônia de Santo Amaro só foi oficialmente criada em fevereiro de 1829.[18,20]

A autora Maria Aparecida Lacerda Duarte Weber no seu artigo "Zenha e a historiografia Santamarense ", Revista da ASBRAP nº 15, 2008, cita desta forma a chegada dos colonos em São Paulo (p. 2)

> Sem aviso prévio teve São Paulo que receber cerca de 226 pessoas, vindas de várias regiões da Alemanha e reunidos em Bremen **(sic)** por von Schaeffer (**sic?**). Além da responsabilidade de custear a permanência daquelas famílias, teve a Província que procurar um lugar para hospedá-los enquanto pesquisaria terras para eles se fixarem. Essa pesquisa durou um ano e meio e foi marcada por grande sofrimento daquela gente para a qual tudo era desconhecido. (....) O governo Paulista escolheu o médico **Dr. Justiniano de Melo Franco** para dirigir o grupo alemão que deveria se fixar em uma colônia adequada para sua vida agrícola em nosso país. Como Diretor, o médico hospedou os imigrantes, de forma provisória, no **Hospital Militar em São Paulo** (grifo nosso).

Segundo Rogério F. Guerra (Os alemães no Brasil: expedições científicas, colonização e herança intelectual) cita em "1828 – Colonos alemães se instalam em São Paulo; cada família recebe 400 braças quadradas (21 de Março)".

Posteriormente, a esta mesma colônia chegariam imigrantes vindos nos navios Union, Alexander (neste último navio estavam alguns imigrantes que não puderam viajar no veleiro Helena Maria, por excesso de passageiros), Creole (4ª viagem) e pelo navio James Laing (náufragos do navio Helena Maria).

Maiores informações sobre estes outros navios podem ser obtidas em nossa obra "Imigração Alemã no Brasil: Navios e Passageiros Anos 1824 a 1830" (veja detalhes no Adendo ao final deste livro).[131]

Figura 1.1 Gravura de um veleiro tipo "Brik", disponibilizada por cortesia de Marhisdata Rotterdam (2018).

No navio Maria viriam colonos prussianos (oriundos da antiga Prússia) destinados para a província de São Paulo.

Segundo Hunsche, o termo Prussiano significa cidadão da Província Prussiana do Reno (na época), localizada no lado esquerdo do Reno.

Os imigrantes trazidos por este navio eram oriundos, em sua maioria, das regiões do Rio Mosela e de Hunsrück, hoje pertencentes ao Estado da Renânia-Palatinado, na Alemanha, como iremos detalhar ao longo deste trabalho.

De forma excepcional para a época, este navio foi contratado pelas autoridades brasileiras para transportar os imigrantes do porto do Rio de Janeiro para o porto de Santos na então província de São Paulo (no período de nosso estudo, isso somente ocorreu com o navio Louise, que em 1828 transportou os imigrantes do porto do Rio de janeiro para o porto de Desterro - atual Florianópolis - na província de Santa Catarina).

Como era comum na época, o navio Maria navegou sob mais de um nome:[128]

- MAREN CHISTINA, bandeira da Noruega, em 1818?;
- MARIA, bandeira da Holanda (Amsterdã), em 1818;
- LA LIBERTÉ, bandeira da Holanda (Amsterdã), em 1829.

O navio foi construído aparentemente em 1818, em Toerres Ejd, Drontheim, na Noruega, e o último registro do navio foi sob o nome de La Liberté foi de 1835.[128]

A carcaça do navio foi leiloada em 1836, em Amsterdã.[99]

O mesmo navio e capitão estiveram no Brasil, em Pernambuco, em 1828, para transporte de cargas, chegando, na viagem de volta, em Amsterdã no dia 03/08/1828.[128]

1.2 DADOS TÉCNICOS DO NAVIO

De acordo com a publicação do Stichting Maritiem-Historische Databank (Marhisdata) o navio possuía as seguintes características técnicas:

- Tipo de navio: veleiro tipo “Fragata”, de três velas;
- Ano de fabricação: 1818?;
- Local de fabricação: Toerres Ejd, Drontheim (Noruega);
- Dimensões: desconhecidas na fragata Maria; tipicamente uma fragata do século XIX media em torno de 33 m compr. X 9 m largura x 6 m profundidade;
- Detalhes da construção: feito de madeira (de carvalho?), tinha dois decks;

- Capacidade: estimada em 351 toneladas.

O navio tipo "Fragata" é definido como um tipo de embarcação à vela, com três mastros e com telas quadradas transversais. No século XVII era um tipo de navio de guerra, com velocidade e facilidade de manobra. Em diferentes épocas, os papéis e capacidades dos navios classificados como fragatas variaram muito. No século XVIII, as fragatas eram navios de cordame completo, ou seja , de cordame quadrado em todos os três mastros, eram construídos para velocidade e praticidade, tinham um armamento mais leve que um navio de guerra completo. Eram usados para fins navais e mercantis durante o século XVIII e XIX (Wikipédia e dicionário on-line Britannica).

1.3 TRIPULAÇÃO NESTA VIAGEM

Hunsche, em resposta a uma consulta que realizou ao Arquivo municipal de Amsterdã, conseguiu as seguintes informações sobre a galera Maria

> Em 19 de Junho de 1827, o Capitão Jan Hendrik Kraanstuiver contratou para seu navio **uma tripulação de quatorze pessoas**. O navio era uma fragata que velejaria sob bandeira neerlandesa ao Rio de Janeiro. Como agente marítimo interveio a firma C. S. H. Kraanstuiver & Filho. Em 27 de julho de 1827 o navio estava amarrado no ancoradouro de Texel, pronto para fazer-se ao mar, o que não foi possível pelas más condições do tempo. A partida efetuou-se em 30 de julho, conforme dois avisos no Amsterdamche Courant, do dia 30 de julho e 1.° de agosto de 1827, respectivamente. Conforme outro aviso do mesmo jornal, mas do dia 23 de abril de 1828, o navio aportou no Rio de Janeiro voltando de Santos em 27 de janeiro de 1828. Não foi possível encontrar mais informações sobre a viagem e a carga do Maria, nem neste Arquivo, nem em outras fontes ou publicações a respeito (grifo nosso).

Por outro lado conseguimos cópia do documento de fretamento deste navio, (anexos 02 a 04) indicando os nomes dos membros da tripulação, assinado pelo capitão Kraanstuiver em 19 de junho de 1827.

No citado documento podemos constatar que eram em torno de 15 tripulantes que acompanhavam o capitão do navio nesta viagem.

Fim do capítulo 1

CAPÍTULO 2 O ROTEIRO DA VIAGEM DOS IMIGRANTES PARA O BRASIL

2.1 INTRODUÇÃO

Neste capítulo iremos descrever a viagem dos imigrantes da Alemanha até o Brasil. A maioria dos locais e datas citadas é baseada em documentos primários e uma parte menor é hipotética, baseada em estudos de viagens anteriores de imigrantes pela mesma rota que esta leva utilizou.

2.2 ROTEIRO DA VIAGEM

Para determinar o roteiro da viagem dos imigrantes, da cidade de origem até seu destino no Brasil, em ordem cronológica, vamos nos basear nos dados dos livros de Hunsche (Quadriênio),[3] Zenha,[117] no arquivo particular de Hüttenberger, no arquivo particular de Augustin, e várias outras fontes descobertas ao longo da pesquisa.

Sobre os locais de origem dos imigrantes alemães pioneiros da Colônia Santa Amaro, pesquisa realizadas no Arquivo de Koblenz, em dados do arquivo particular de Hüttenberger e de Augustin, entre outros, nos revelaram que a grande maioria dos imigrantes eram prussianos ou seja, “cidadãos da Província Prussiana do Reno localizada no lado esquerdo do Reno, envolvendo o Hunsrück, o Palatinado e as regiões do Sarre e do Mosela”. No capítulo 5 iremos detalhar os locais de origens destes imigrantes.

Relativo ao porto de partida da viagem do Maria, esta leva de imigrantes não utilizou nenhum dos portos existentes na Confederação Germânica (Deutscher Bund).

Na realidade, um outro porto utilizado naquela época, além dos portos de Bremen e de Hamburgo, era o de Amsterdã, na Holanda, especialmente após o ano de 1825 (embora tenha sido muito usado também antes do início da fase inicial oficial da Imigração Alemã no Brasil – 1824 a 1830).

Ocorre que, dependendo da região de origem do imigrante na Alemanha, era mais fácil ir até o Reno via terrestre (normalmente a pé ou com carroças), ou via rios navegáveis utilizando pequenas embarcações, e daí seguir via transporte fluvial para a fronteira com a Holanda, até chegar ao porto de Amsterdã (também utilizando barcos no território holandês).

Mas houve também uma motivação política para o envio dos imigrantes para a Holanda. O Major Schäffer estava tendo dificuldade em enviar imigrantes pelos portos de Bremen e Hamburgo, pela resistência das autoridades locais à emigração.

Em nossa pesquisa constatamos que dos 42 navios que trouxeram imigrantes alemães para o Brasil no período de 1824 a 1830, nove deles saíram da Holanda (Amsterdã).

O veleiro Maria é um destes nove navios que saíram de Amsterdã.

Segundo nossa pesquisa, cerca de 44 famílias e 5 avulsos, principalmente das regiões de Rhein-Pfalz e Hunsrück foram encaminhadas para Amsterdã, onde embarcaram no veleiro Maria rumo ao Brasil, no final de julho de 1827 (veja o contrato do fretamento do navio Maria nos anexos 02 a 04).

Algumas pessoas atravessaram a fronteira da Prússia com a Holanda e se juntaram aos futuros passageiros do veleiro Maria. Entre elas estava o imigrante Friedrich Helfenstein. Desta leva, outros imigrantes viajaram em outros navios, anteriores e posteriores à partida do veleiro Maria (Epaminondas e Union, por exemplo). Veja uma parte desta leva no anexo 6.

Acreditamos que, assim como ocorreu com as levas que viajaram posteriormente nos navios Johanna Jacoba e Actif, os passageiros do Maria seguiram quase a mesma rota desde a Alemanha até o porto de Amsterdã, conforme veremos a seguir e conforme documentos que recebemos da Holanda (descritos neste e no próximo capítulo).

Quatro cidades com maior incidência da origem dos imigrantes desta leva foram Ober Konstenz, Alstrimming, Reckershausen e Reich. As duas primeiras ficam próximas à cidade de Cochem, localizada na margem do rio Mosela (ponto mais próximo do porto de Koblenz, à margem do rio Reno). As outras duas ficam mais próximas de Bingen (também à margem do rio Reno).

Como não localizamos nenhuma fonte que nos possa fornecer maiores detalhes da viagem da Prússia para a Holanda e para efeito de estabelecermos o cronograma de viagem, vamos considerar que os imigrantes se concentraram em Cochem. Desta localidade seguiram para Koblenz e de lá partiram para a Holanda, via rio Reno, onde embarcaram na galera Maria em Amsterdã e depois seguiram para o Brasil.

Em documentos localizados na Holanda, a maioria dos imigrantes do Maria cruzaram a fronteira da Alemanha (Prússia) para a Holanda para embarcar no porto de Amsterdã com destino ao Brasil, como iremos verificar no próximo capítulo.

Baseado nas fontes citadas, vamos elaborar o possível roteiro da viagem dos imigrantes desde a Alemanha (Prússia) até Santo Amaro:

01/05/1827	Os imigrantes partem das várias cidades de origem (Altstrimmig, uma delas) para uma cidade estratégica (ponto de encontro intermediário), no caso Cochem, tomada como exemplo (data estimada).
15/05/1827	Chegada em Cochem (data estimada). Aguardam chegada dos demais imigrantes que farão a viagem ao Brasil.
20/05/1827	Saída dos imigrantes de Cochem (data hipotética) para alguma cidade na margem do Reno (Coblenz, também tomada também como exemplo, pois esta cidade está relativamente próxima da maioria das cidades de origem dos imigrantes, conforme veremos mais adiante). Seguem a pé ou por carroças até esta cidade. Poderiam também adotar barcos de pequeno porte pelo rio Mosela, seguindo do Cochem para Coblenz (hipotético). O passaporte do Endres confirma a passagem por Coblenz e Köln.
10/06/1827	Chegada dos imigrantes em Coblenz (data estimada). Coblenz está à margem do Rio Reno e também do rio Mosel, sendo um local estratégico para embarque e desembarque de barcos e navios.
30/06/1827	De Coblenz, saída dos imigrantes para a fronteira holandesa (Lobith?). Data estimada. Seguem por navios de pequeno porte pelo rio Reno até a fronteira com a Holanda. O passaporte do Endres confirma a passagem por Köln, antes de chegar na fronteira holandesa.
15/07/1827	Chegada dos imigrantes em Arnhem. Autoridades holandesas comunicam o fato (documento). São emitidos os passaportes.
17/07/1827	De Arnhem os imigrantes seguem para Muiden, após travessia ser autorizada pelas autoridades holandesas (um grupo sai no dia 18 de Julho).
19/07/1827	Chegada dos imigrantes em Muiden. Aguardam instruções para viagem ao porto de saída.
21/12/1827	Navio Maria segue de Roterdã para Den Helder para embarcar passageiros (data estimada).
23/07/1827	De Muiden os imigrantes seguem para Den Helder, depois de confirmada a condição de embarque do navio (documento).
25/07/1827	Chegada dos imigrantes em Den Helder (data estimada).
30/07/1827	Saída do navio Maria do porto de Den Helder (Texel) para o Brasil, com 226 imigrantes a bordo (107 deles maiores de 12 anos), segundo dados da notícia de chegada ao Rio de janeiro. As autoridades holandesas contabilizaram 230 imigrantes na véspera da partida. Há suspeita de passageiros clandestinos a bordo (em torno de 11).
24/10/1827	Chegada ao Rio de Janeiro, segundo notícias de jornais locais.
01/12/1827	Partida da galera Maria do Rio de janeiro para Santos.
13/12/1827	Chegada da Galera Maria em Santos.
01/06/1828	Chegada de imigrantes em Itapecerica (data estimada).
02/06/1829	Começam a chegar os imigrantes na futura Colônia de Santa Amaro (Zenha).

Veja a seguir o mapa da Alemanha, com seus estados e em destaque o estado da Renânia-Palatinado, de onde partiu a maioria dos imigrantes.

Observe que, dependendo do local de origem, a distância até a Holanda é menor do que até Bremen e Hamburgo.

Figura 2.3 Alemanha e estados. Estado da Renânia-Palatinado em destaque. Figura adaptada. Fonte: Wikipedia.org.

2.3 A VIAGEM DA ALEMANHA ATÉ A HOLANDA

No mapa seguinte mostramos algumas cidades de onde partiram os imigrantes, destaque para Cochem, Coblenz e o rio Reno que atravessa o estado da Renânia-Palatinado e vai até a Holanda.

O número de rios que podia ser utilizado para o transporte fluvial é bem acentuado no estado da Renânia-Palatinado, como iremos demonstrar no capítulo 4, onde tratamos sobre a origem dos imigrantes.

Figura 2.4 Alguns locais de origem dos imigrantes alemães e trajeto até a Holanda.

O tempo de viagem da região do Palatinado e do Hunsrück até a Holanda não era tão elevado. A viagem poderia ser realizada de barco pelo rio Reno, da cidade de Coblenz, por exemplo, até a fronteira holandesa. Estima-se que esta viagem demoraria cerca de 15 dias.

Coblenz é uma cidade independente da Alemanha (Kreisfreie Stadt) ou distrito urbano (Stadtkreis), ou seja, possui estatuto de distrito (Kreis) localizada no estado da Renânia-Palatinado Está situada às margens do rio Reno e também do rio Mosel, ou seja, na confluência (por isso do nome “Coblence” em francês, que significa confluência) dos dois rios (Wikipédia/Google Maps). Mais detalhes no capítulo 4.

A cidade de Coblenz é um dos locais mais próximos para se seguir por via terrestre da região do Hunsrück (Renânia-Palatinado), de onde partiram a maioria dos imigrantes.

De Altstrimming a Coblenz, por exemplo, são um pouco mais de 54 km. Da localidade de origem para a cidade que margeava o rio Reno (no caso hipotético de Coblenz) os imigrantes seguiam a pé ou com carretas. Os emigrantes podem ter se concentrado em cidades estratégicas para seguir a viagem em grupo.

Em tese, eles poderiam ter seguido com barcos de menor porte pelo rio Mosel até Coblenz. O rio Mosel atravessa quase todo o estado da Renânia-Palatinado, desde a cidade de Trier até Coblenz, passando por várias outras cidades. Porém esta hipótese teria que ser comprovada. Alguns municípios localizados às margens do rio Mosel são Trier, Mehrig, Cochem, Ulmen, Zell, Treis-Karden, Winningen e Coblenz, onde o rio Mosel (Mosela) desemboca no rio Reno.

De Coblenz seguiam com pequenas embarcações para a fronteira da Holanda. Isso poderia ser atingido com cerca de 10 a 20 dias.

Chegando à fronteira holandesa, possivelmente na localidade de Lobith, em 15 de julho de 1827 (data estimada), eles eram fiscalizados pela polícia de fronteira holandesa. Possivelmente não deve ter havido nenhum entrave e primeiramente os emigrantes foram enviados para a cidade de Arnhem, também próxima da fronteira holandesa com a Alemanha, chegando naquela localidade no dia 15 (data estimada). Depois, em 17 e 18 do mesmo mês, dali seguiram para o porto de Muiden, próximo de Amsterdã, aonde chegaram no dia 20. Dali seguiram para Den Helder em 23 de julho de 1827 (Arquivo do Município de Muiden).

No dia 31 de julho de 1827 o navio Maria zarpou para o Brasil (detalhes mais adiante).

A seguir exibimos o trajeto desde a cidade de Coblenz, rio Reno, até a fronteira da Holanda, dali até a cidade de Arnhem, depois até o porto de Muiden e, finalmente, até o porto de Den Helder (porto de saída dos imigrantes da Holanda). Com o mapa anterior e com este abaixo, temos então o roteiro simplificado entre a origem dos imigrantes na Alemanha e o porto de saída na Holanda.

Figura 2.5 Trajeto da viagem dos imigrantes na Holanda. Figura adaptada – mapa orientativo (Fonte: Wikipédia).

2.4 A PARTIDA DO NAVIO MARIA

A informação divulgada pelo jornal “Opregte Haarlemsche Courant” (Holanda) do dia 02 agosto de 1827 é de que em 30 de abril de 1827 o veleiro Maria partiu do porto de Den Helder, com destino ao Rio de Janeiro.

> Amsterdã, 31 de julho. No 30º dia deste mês chegou a Texel A. Hulsen do Suriname, L. F. Heyde de Londres, E. Somme, E. Marcussen de Nerva e H. B. Ellegers de Wijburg, e partiu J. Ingerman para o Cabo da Boa Esperança e Batavia, **J. H. Kraanstuiver para o Rio de Janeiro,** V. Kramer para a Bahia, P. H. Bos, W. Groen e S. G. Burga, todos 3 para o Suriname, L. Fredriks, J. H. Haverbult para Marselha, J. S. Rotgans para Cadix, Gibraltar e Málaga, W. J. Kramer para Bordeaux, W Stickfort para Huil, S. Biornsen, U. Neuman e L. Holst, todos os 3 para Drammen; o vento s.t. e W. z. oeste (tradução livre do autor e grifo nosso).

O navio Maria chegou ao Rio de Janeiro em 24/10/1827, sem maiores dificuldades divulgadas pelo seu capitão.

2.5 VIAGEM DOS COLONOS PARA SANTOS

O navio Maria seguiu para Santos em 01/12/1827, lá chegando em 13/12/1827 com os 226 emigrantes (42 famílias e 5 avulsos, conforme o jornal Império do Brasil: Diário Fluminense).

De Santos, os imigrantes foram enviados para a Colônia de Santo Amaro (após um demorado processo de escolha do local para o assentamento da colônia).

No capítulo 5, relativo à Colônia Santa Amaro, iremos detalhar estes acontecimentos.

Fim do capítulo 2

CAPÍTULO 3 COMPROVAÇÃO DA PASSAGEM DOS IMIGRANTES PELA HOLANDA E PARTIDA DO PORTO DE AMSTERDÃ

3.1 INTRODUÇÃO

Neste capítulo vamos apresentar a comprovação da passagem dos imigrantes por Amsterdã e confirmar as nossas hipóteses de 2017 sobre a provável relação de passageiros e o destino destes imigrantes no Brasil.

3.2 DESTINO NO BRASIL

Ainda em 2018, na 1ª edição de nosso livro "Imigração Alemã no Brasil: Navios e Passageiros Anos 1824 a 1830" já apresentávamos um resumo da viagem do navio Maria.

A grande maioria dos passageiros do navio Maria seguiu para São Paulo.

Estes imigrantes viriam a formar a colônia alemã de Santo Amaro, próxima da cidade de São Paulo, conforme já informado.

No início de 2022 fizemos contato com o historiador holandês Sr Onno Boonstra e solicitamos informações sobre a passagem de imigrantes pela Holanda e sobre dados do navio Maria. Fomos agraciados com documentos (anexos 05 e 06) contendo informações sobre imigrantes alemães desejando viajar ao Brasil.

Da análise destes documentos chegamos à conclusão que nossa lista original dos passageiros do veleiro Maria, estava em sua maior parte correta, mas agora poderíamos acrescentar novas informações até então desconhecidas sobre os imigrantes.

Os documentos confirmam também que os imigrantes destes navios saíram da Holanda.

A seguir transcrevemos as cartas recebidas desta fonte particular e explanamos um pouco mais a respeito dos imigrantes.

3.3 COMPROVAÇÃO DE QUE OS IMIGRANTES DO MARIA PASSSARAM PELA HOLANDA

Transcrevemos a seguir um documento recebido da Holanda, seguido de uma tradução livre do mesmo.

O documento da Holanda foi emitido em 23/07/1827, contendo a relação de imigrantes que obtiveram permissão para atravessar a Holanda para viajar no navio Maria, com o número dos passaportes que foram emitidos pelo procurador-criminal da província de Gelderland, em 15 de julho de 1827. Em julho de 1827, o procurador-geral do Supremo Tribunal de Haia pediu ao prefeito de Muiden que lhe enviasse uma lista de passageiros que haviam deixado Muiden, juntamente com o nome do navio em que planejavam embarcar. Esta lista então é a que o prefeito de Muiden enviou ao procurador-geral (Boonstra). O documento original encontra-se no anexo 05.

(transcrição original do documento:)

(van rejeit la passey it Arnhem - 23 Juli 1827 - manuscrito)

Num-mer	Namem	Vrouw en kinderen (?) e Familie	
2389.	**MERDES**, Jacob	wrow e 3 kinderen	
2390.	**PALM,** Gottfried Johann Friedrich	" e 6 kinderen	
2391.	**CASPERS**, Andreas	" e 3 "	
2392.	**ENDERS**, Johann Peter	"	
2394.	**STEFFEN**, Johann	" e 2 "	
2395.	**HACK,** Franz	" e 2 "	
2396.	**KARBACH,** Johann Peter	" e 5 "	
2393.	**SCHOLL,** Johann	" e 2 "	
2397.	**JACOBS,** Philipp	" e 3 "	
2398.	**JACOBI,** Johann Peter	" e 5 "	und 1ou 2 ? zuster
2399.	**ROCHENBACH**, Michael	" e 8 "	und moeder
2400.	**KAEMPFER,** Heinrich	" e 1 "	
2401.	**CONRADO,** Johann	" e 4? "	
2402.	**NINOVE**, Car	" e 3 "	
2403.	**KRAEMER,** Philipp	" e 3 "	
2404.	**ZWEYBRUCKER?,** Jacob	" e 2 "	
2405.	**THEISSEN,** Johann	" e 5 "	
2406.	**BARTEN,** Johann Peter	" e 5 "	
2407.	**ROSS**, Ludwig	" e 3 " und a Broeder	
2408.	**CHRIST,** Peter	" e 4 " moeder e 2 broeders e 1 zuster	
2409.	**WEISHAUPT,** Sebastian	" e 3 " e 1 zuster	
2410.	**STOFFEL,** Philipp	" e 2 "	
2411.	**FICKINGER,** Mathias	"	
2412.	**SELLIG,** Jacob	" e 4 " e 1 broeder e 2 zuster	
2413.	**DONSBACH**, Michael	" e 1 "	
2414.	**DONSBACH**, Johann	" e 1 " e kinderens?	
2415.	**RIPPEL,** Michael	" e 3 "	
2416.	**CONRAD,** Johann Jacob	" e 2 "	
2417.	**OCHS, Johann** Georg	" e 4 " zuster un moeder	
2418.	**STIPP,** Nicolao	" e 2 "	

2419. **OCHS,** Heinrich Peter	" e 2 "
2420. **MEINERTS,** Johann	" e 4 "
2421. **SCHMIDT,** Johann	end zuster
2422. **PIORSCH,** Georg	wrow en 5 kinderen
2423. **KNEBEL,** Nicolaus	" e 3 "
2424. **KLEIN,** Simon	" e 6 "
2425. **MARTINI**, Nicolaus	" e 3 "
2426. **KUHN,** Peter Joseph	" e 1 "
2427. **KUHNST,** Johann Peter	" e 4 "
2432. **GURGEN,** Peter	"? e "? (NA: solteiro no Br)

Bovenstaande 212 koppen zullen vertrekken naar Rio de Janeiro met het fregat Maria Capt. J. Kraanstuijver uit Texel. [Vertrokken] Uit Muiden den 23 Julho 1827

(segue tradução livre do documento anterior:)

(passaportes obtidos em Arnhem - 23 Juli 1827 - manuscrito)

Nr Pass. **Nome**	**Esposa/Filhos e demais Familiares**
2389. **MERDES**, Jacob	esposa e 3 filhos
2390. **PALM,** Gottfried Johann Friedrich	" e 6 filhos
2391. **CASPERS**, Andreas	" e 3 "
2392. **ENDERS**, Johann Peter	"
2394. **STEFFEN**, Johann	" e 2 "
2395. **HACK,** Franz	" e 2 "
2396. **KARBACH,** Johann Peter	" e 5 "
2393. **SCHOLL,** Johann	" e 2 "
2397. **JACOBS,** Philipp	" e 3 "
2398. **JACOBI,** Johann Peter	" e 5 " e 1ou 2 ? irmã(s)
2399. **ROCHENBACH**, Michael	" e 8 " e mãe
2400. **KAEMPFER,** Heinrich	" e 1 "
2401. **CONRADO,** Johann	" e 4? "
2402. **NINOVE**, Car	" e 3 "
2403. **KRAEMER,** Philipp	" e 3 "
2404. **ZWEYBRUCKER?,** Jacob	" e 2 "
2405. **THEISSEN,** Johann	" e 5 "
2406. **BARTEN,** Johann Peter	" e 5 "
2407. **ROSS**, Ludwig	" e 3 " e o irmão
2408. **CHRIST,** Peter	" e 4 " e mãe e 2 irmãos e 1 irmã
2409. **WEISHAUPT,** Sebastian	" e 3 " e 1 irmã
2410. **STOFFEL,** Philipp	" e 2 "

2411. **FICKINGER,** Mathias	"
2412. **SELLIG,** Jacob	" e 4 " e 1 irmão e 2 irmãs
2413. **DONSBACH**, Michael	" e 1 "
2414. **DONSBACH**, Johann	" e 1 " e filhos(?)
2415. **RIPPEL,** Michael	" e 3 "
2416. **CONRAD,** Johann Jacob	" e 2 "
2417. **OCHS, Johann** Georg	" e 4 ", irmã e mãe
2418. **STIPP,** Nicolao	" e 2 "
2419. **OCHS,** Heinrich Peter	" e 2 "
2420. **MEINERTS,** Johann	" e 4 "
2421. **SCHMIDT,** Johann	e irmã
2422. **PIORSCH,** Georg	esposa e 5 filhos
2423. **KNEBEL,** Nicolaus	" e 3 "
2424. **KLEIN,** Simon	" e 6 "
2425. **MARTINI**, Nicolaus	" e 3 "
2426. **KUHN,** Peter Joseph	" e 1 "
2427. **KUHNST,** Johann Peter	" e 4 "
2432. **GURGEN,** Peter	" ?e 4? "(NA: solteiro no Br)

As 212 almas (cabeças) acima partirão para o Rio de Janeiro
com a fragata Maria, Cap. J. Kraanstuijver, de Texel.
[Partiu] de Muiden, 23 de julho de 1827.

3.3.1 A confirmação da maioria dos passageiros que seguiram no Maria

Podemos verificar que a lista de imigrantes do documento transcrito contém a maioria dos imigrantes que viajaram do Rio de Janeiro para Santos. No entanto, sabemos que o total de passageiros do Maria que saíram de Amsterdã foi de 241, baseado nos dados informados pelos jornais da época na chegada do navio no Rio de Janeiro.

Em outras palavras, 29 passageiros foram adicionados à lista do documento transcrito e não possuímos até o momento certeza de seus nomes. Dos 241 passageiros que saíram de Amsterdã pereceram na viagem 14 almas ("morreram 3 homens, duas mulheres e 9 crianças"), chegando, portanto 227 imigrantes ("65 homens, 52 mulheres e 110 crianças").

No capítulo 5 iremos detalhar de onde vieram os imigrantes que estavam na Holanda e embarcaram no Maria. A grande maioria destes imigrantes, como já informado, foi enviada para a Província de São Paulo (Santo Amaro e arredores).

No próximo capítulo exibimos a lista orientativa dos passageiros do navio Maria, à luz dos documentos encontrados até o presente momento (janeiro de 2023).

Embora esta lista possa sofrer alterações, é a mais precisa desde que o navio Maria se lançou ao mar em 30 de abril de 1828.

3.3.2 A confirmação de passageiros adicionais que seguiram no Maria

Complementando a lista mais completa dos passageiros do Maria, nós temos uma carta enviada (possivelmente) pelo prefeito de Arnhem para o procurador criminal da Província de Gelderlan, Van Rappard informando sobre alguns imigrantes que iriam a Amsterdã para embarcar em navios que seguiriam para o Brasil. O documento original encontra-se no anexo 06.

(transcrição original do documento:)

Arnhem, den 14 juny 1827.

...... Dorr? Jacob Grimm met vrouw en 3 kinderen, Carl Kruel, met vrouw en 5 kinderen, **Georg Philipp Schneider**, met vrouw en 10 kinderen, Jacob Born (Bern/Bier?), met vrouw en 8 kinderen, Jacob Roth (Rahh/Kahh/Rooth?) met vrouw en 2 kinderen, Mathias Frank met vrouw en 6 kinderen, **Peter Hanzhorn? (Stenshorn?),** Georg Dietrich met wrouw em 8 kinderen, **Friedrich Helfenstein** en Johannes Ulmer welke voornemert zyn naar America te vertrekken op heden de bewuste caute zynde gesteld, zoo he ik aan dezelve verlof gegeven om hunne reis vervolgen, en geve nyde eer UwelEdlj (?) daarvan kennes te geven bij dezen..

De procureur-crimineel in de Províncie de Gelderland
H.A. v. Rappard

(segue tradução livre do documento anterior:)

Arnhem, 14 de junho de 1827.

*...... Dorr? Jacob Grimm com esposa e 3 filhos, Carl Kruel, com esposa e 5 filhos, **Georg Philipp Schneider**, com esposa e 10 filhos, Jacob Born (Bern/Bier?), com esposa e 8 filhos, Jacob Roth (Rahh/Kahh/Rooth ?) com esposa e 2 filhos, Mathias Frank com esposa e 6 filhos, Peter Hanzhorn? (Stenshorn?), Georg Dietrich com esposa e 8 filhos, **Friedrich Helfenstein** e Johannes Ulmer, que pretendem partir hoje para a América, tendo sido informado disso, dei-lhes permissão para seguir sua jornada e tenho a honra de informar Vossa senhoria por meio desta notificação.*

O promotor criminal na Província de Gelderland
H. A. Van Rappard

Nesta segunda relação vemos pelo menos dois passageiros do veleiro Maria, o Georg Philipp Schneider e o Friedrich Helfenstein. Embora tenham chegado antes à

Holanda (14 de junho de 1827) eles foram adicionados como passageiros deste veleiro após a confecção da lista do dia 23/07/1827, ou seja, praticamente na véspera da viagem do Maria.

Com estes dois documentos comprovamos que pelo menos 95 % dos passageiros do veleiro Maria atravessaram a Holanda até a cidade de Amsterdã onde embarcaram para a viagem ao Brasil

Fim do capítulo 3

CAPÍTULO 4 RELAÇÃO DE PASSAGEIROS

4.1 INTRODUÇÃO

No próximo item temos a relação de passageiros por ordem alfabética dos sobrenomes, cada qual com o(s) número(s) da observação com o detalhamento de cada um dos avulsos ou das famílias listadas.

4.2 RELAÇÃO DE PASSAGEIROS

Segue abaixo a relação de passageiros por ordem alfabética dos sobrenomes, baseada nos dados pesquisados no acervo digital da Biblioteca Nacional,[53] nos dados do site do Fernando César Gomes Venzel (Imigração Alemã e Suíça no Estado de São Paulo),[55] na relação de passageiros da galera Maria da BN, na relação de passageiros da Galera Maria do Acervo do Instituto Martius-Staden,[62] no artigo de Zenha,[20] na Dissertação de Mestrado de Evanice Maria Ribeiro,[130] nas obras de Hunsche[3] e Siriani,[129] além de documentos do Arquivo Público do Estado de São Paulo (APESP):

Nr Reg.	Sobrenome, nome (chefe da Família)	Qtde de Pessoas	Destino	Data de Chegada
1.	**BARTEN,** Johann Peter[24] (Barth Barté)	7	SAM	1827
2.	**CASPERS**, Andreas[25] (kaspers)	5	ICA	1827
3.	**CHRIST**, Johann Peter[3] (Krist/Kirst)	9	SAM	1827
4.	**CONRAD,** Johann[17] (Conrado/Konrath)	5	SAM	1827
5.	**CONRAD,** Johann Jacob[26]	4	SAM	1827
6.	**CORBACH,** Inerim/Quirim[51] (Korb./Corb.)	1	SAM	1827
7.	**CORBACH,** Johann Peter[4] (karb./Car.)	8	SAM	1827
8.	**DONSBACH**, Johann[5]	4	SAM	1827
9.	**DONSBACH**, Michael[27]	2	SAM	1827
10.	**ENDERS,** Catharina[2,6]	2	???	1827
11.	**FICKINGER,** Mathias[28] (Fikinger)	2	ICA	1827
12.	**GOERGEN,** Peter[6.50] (Görgens/Gürgen)	1	SAM	1827
13.	**HACK,** Franz[1] (Hak/Hatz/Barth)	4	SAM	1827
14.	**HELFENSTEIN,** Friederich[6,47] (Helfstein)	1	SAM	1827
15.	**HÖHN,** Peter[48] (Hoen/Stoen)	6	SAM	1827
16.	**JACOBY,** Johann Peter[7] (Jacobi/Jakobi)	8	SAM	1827
17.	**JACOBS,** Philipp[29]	5	SAM	1827
18.	**KÄMPFER,** Heinrich[30] (Kaemp./Kraem.)	3	???	1827
19.	**KLEIN,** Simon[34]	9	ICA	1827
20.	**KNEBEL,** Nikolaus[45] (Knöbel)	5	ICA	1827
21.	**KRÄMER,** Philipp[31] (Kraemer/Krämmer)	5	SAM	1827

22.	**KUNZ,** Peter Joseph[33]	(Kuhn)	3	SAM	1827
23.	**KUNZ,** Johann Peter[32]	(Kuntz/Kuhnst)	5	SAM	1827
24.	**MARTINI,** Johann Nicolaus[35]	(Martiny)	5	ICA	1827
25.	**MEINERTS,** Johann[36]	(Meiners/Meinertz)	6	ICA	1827
26.	**MERTENS**, Jacob[22]	(Mertes/Merves)	5	ICA	1827
27.	**NIENHOVE**, Carl (Joseph)[8]	(Ninow/Nien.)	3	ICA	1827
28.	**OCHS,** Georg[37]		8	ICA	1827
29.	**OCHS,** Heinrich Peter[38]		3	ICA	1827
30.	**PALM,** Gottfried Johann Friedrich[21]		8	ICA	1827
31.	**PEITZEN,** Barbara[9]	(Peitz/Peitzin/Beitz.)	1	SAM	1827
32.	**PÖRSCH,** Georg[18]	(Perch/Poesche)	9	ICA	1827
33.	**PRINTZ**, Johann[49]	(Prinz/Plentz)	2	SAM	1827
34.	**RIPPEL,** Michael[39]	(Rippell?)	4	ICA	1827
35.	**ROCKENBACH**, Michael[11]	(Rochenb.)	11	SAM	1827
36.	**ROOS,** Ludwig[19]	(Boef/Ross)	3	SAM	1827
37.	**SCHMIDT,** Anna Maria[46]	(Schmitt)	1	SAM	1827
38.	**SCHMIDT,** Johann[46]	(Schmitt)	1	SAM	1827
39.	**SCHNEIDER**, Georg Philipp (A. Elis.)[12]		12	ICA	1827
40.	**SCHOLL,** Johann[41]	(Schöll)	4	SAM	1827
41.	**STEFFENS,** Johann Jacob[42]		4	ICA	1827
42.	**STEINSHORN**, Peter[10]	(Stenshorn)	3	ICA	1827
43.	**STIPP,** Nicolao[40]	(Stip/Stepp/Stup)	4	ICA	1827
44.	**STOFFEL,** Philipp[14]	(Stöffel/Stophel)	3	ICA	1827
45.	**STRASSBURGER,** Heinrich[20]	(Strasb.)	6	ICA	1828
46.	**THEISSEN,** Johann[43]		8	ICA	1827
47.	**VOLKHEIMER,** Johann[6,53]	(Volksheimer)	1	???	1827
48.	**WEISHAUPT,** Sebastian[15]	(Weicshau.)	6	ICA	1827
49.	**WICKERT,** Margaretha[16]	(Vicketin)	1	SAM	1827
50.	**ZILLIG,** Jacob[13]	(Sillig/Sellig/Zellig)	8	ICA	1827
51.	**ZILLIG,** Johann Peter[52]	(Sillig/Sellig/Zel.)	1	ICA	1827
52.	**ZWEIBRÜCKER,** Jacob[44]	(Zweibrueck.)	4	ICA	1827

Observações:

1) **Franz Hack (Haag/Hak/Hatz/Barth).** Consta na relação da galera Maria, saída para Santos (**BN – Biblioteca Nacional**). **Franz** (n. 13/09/1798, segundo Augustin), pais **Stephan Hack** e **Maria Catharina Hammes** e esposa **Maria Gertrud Neumann**, pais **Johannes Neumann** e **Maria Weber**, casados em 07/08/1824 Beulich, filhos **Peter** (n. 20/06/1825) e **Luzia** (?). O **Peter** faleceu na Armação em 18/11/1827. Confundido nas listas brasileiras com **Franz Barth**, "com mulher **Gertrudes** e filhos **Peter** e **Luzia**" (BN). Comentário nos registros no Arquivo do Estado de Koblenz (Alemanha): "De acordo com uma mensagem do prefeito de Brodenbach ao gabinete distrital (12 de julho de 1828), **Hack** emigrou para o Brasil com sua família e ainda não retornou". Eram oriundos de

Beulich/Emmelshausen/Kreis/St. Goar. Trabalhava na lavoura em **ICA** (**Itapecerica**) em 1828, segundo Siriani. Mudou-se para São Paulo capital onde em 1843 trabalhava na profissão de Tanoeiro (Ribeiro).

2) **Johann Peter Endres (Enders).** O **Johann Peter Endres**, católico, nascido em 29/10/1791 Altstrimmig/Cochem-Zell, filho de **Johann Peter Endres** e mãe desconhecida, e esposa **Maria Catharina Endres**, nascida Seimetz em 1802 (passaporte), filha de **Johann Peter Seimet**z e **Maria Catharina Liesenfeld**, casamento em 11/11/1825, Senheim (Ribeiro e Augustin). Foram pais de dois filhos que morreram antes da imigração (**Peter Joseph** e outro de **nome desconhecido**) Aparece o casal na lista da Holanda. Viajou via Zell, Koblenz (28/04/1827) e Köln para a Holanda (Ribeiro). Na viagem do veleiro entre Rio de Janeiro e Santos consta apenas a **Catharina**, como viúva. Não aparece na relação de **SAM** (**Santo Amaro**) e de ICA, pelo menos como solteira ou viúva. Não é citada por Siriani. Segundo Ribeiro apud Sommer, a **Catharina Enders** teria se deslocado para a região de Rio Negro (atual PR). Na documentação de Ribeiro aparece como passageiro nº 231 do veleiro Maria na viagem entre Rio e Santos (lugar ocupado em nosso documento por Carlos Adolpho Silfwerhjelm, possivelmente pela morte do marido da Catharina).

3) **Johann Peter Christ.** Consta na relação da galera Maria, saída para Santos (BN). **Johann Peter Christ,** fabricante de peneiras (n. 08/02/1789, Reckershausen/Simmern, segundo Augustin), com esposa **Margaretha Bechtel** (n. 15/08/1791 Altlay), 4 filhos; **Anna Barbara (**n. 20/02/1816 Reckershausen), **Johann Nikolaus (**n. 10/09/1818 Reckershausen), **Andreas (**n. 18/09/1822 Reckershausen) e **Peter** (02/02/1826); a mãe do chefe, **Anna Katharina** nascida **Seibel** (n. 22/12/1766 Peterswald); 2 irmãos (**Andreas**, n. 15/06/1799 Reckershausen e f. 1884 SAM, e **Franz**, n. 18/09/1806 Neuburger Hof) e uma sobrinha do chefe de família (**Barbara Peitz/Peitzen/Beitzen**, n. 1801 Reckershausen?), esta última relacionada em separado na lista. Na Holanda estavam o casal, 4 filhos, a mãe, 2 irmãos e 1 irmã. Esta irmã seria a **Anna Barbara Christ** n. 15/02/1786 Reckershausen & NN **Peitz** (Augustin). Será que a irmã faleceu na viagem e a sobrinha não havia sido anotada na Holanda? No Arquivo do Estado do Estado de Koblenz aparece listado junto com a família um **Adam Ginder** (?), n. 1800. O irmão **Andreas "Krist"** (n. 15/06/1799, f. 1884) aparece na relação de Zenha com os colonos de SAM (1830) casado com a **Maria Catharina Krist,** nascida **Donsbach,** viúva **Zerfass** (n. 06/12/1793 Reich, f. 1840) e uma enteada chamada **Maria Catharina Zerfass** (n. 02/04/1826 Hennweiler; cc **Pedro Hannickel**). O **Andreas** tornou-se comerciante de secos e molhados na freguesia de Santa Ifigênia (Siriani). Por sua vez, o irmão **Francisco "Krist"** (n. 1808) aparece casado com a **Catharina Krist** nascida **Korbach** (n. 1811), e a mãe dele, viúva, **Catharina Krist** (n. 1766), junto com o casal, segundo APESP e Ribeiro. Os pais dos irmãos **Christ** eram **Johann Peter Christ** (1758-1809) e **Anna Catharina Seibel** (n. 22/12/1766 Peterswald), conforme Augustin. Segundo Siriani, o **João Pedro** trabalhava na lavoura na Freguesia do Brás em São Paulo (1827), o **Franz** trabalhava na lavoura em SAM

(1827) e o **Andreas** trabalhava na lavoura e armazém em SAM e SPO (1827). Siriani também cita um **Pedro Christ** que era empreiteiro de obras em 1827 (sic?). A mesma autora cita um **Christoph Christ,** 61 anos, católico, esposa **Anna**, 44 anos, católicos, filhos **Jacob** (14), **Cristoph** (8) e **Maria** (4), lavrador, com sítio em Itapecerica, sabendo ler e escrever (em 1830 aceitou 400 braças quadradas em SAM). Não sabemos se era parente dos outros membros da família Christ,

4) **Johann Peter Karbach/Corbach (Carbach/Carbag).** Consta na relação da galera Maria, saída para Santos (BN). **Johann Peter** (n. 1780) e esposa **Christina,** provavelmente nascida **Martin** (FS), (n. 1787), 5 filhos: **Christina (Christian?)**, **Anna Maria** (b. 1818), **Maria Katharina** (n. 1821), **Margaretha** (n. 1825) e **Peter** (n. 1827). A filha **Christina (Christian?)** não consta da relação de Zenha com os colonos de SAM (1830). Em Amsterdã seriam o casal e 5 filhos. A filha **Margaretha** cc **Francisco Felippe Orgi** (17/02/1857), em Santo Amaro (FS). Os pais dela constam como **Pedro Carbag** e **Christina Martin**. Na lavoura (**Pedro Corbag**) em SAM no ano de 1828, segundo Siriani. Um **João Karbach** é citado por Siriani na Lavoura em SAM em 1827. Não se conseguiu localizar sua origem.
5) **Johann(es) Donsbach.** Família católica (Augustin), consta na relação da galera Maria, saída para Santos (BN). **Johannes Peter** (n. 18/09/1764), carpinteiro e fazendeiro na vila de Reich, filho de **Johann Matthias Donsbach** (1738-) e **Catharina Hetzert** (1736-1797) e esposa **Eva Elisabeth Philippi**, filha de **Johann Matthias Philippi** (1725-) e **Catharina Schneiders** (1727-1787), casamento em 04/02/1788 Reich, mais 1 filha viúva, **Maria Katharina**, n. 06/12/1793 Reich e 1 neta **Maria Katharina Zerfass**, n. 02/04/1826 Hennweiler (Zenha e Augustin). O **Johann** ficou doente no hospital do RJO (BN). A filha **Maria Katharina**, era viúva de **Johann Nicolaus Zerfass** (n. 21/08/1784 Hennweiler, f. 04/07/1826 Hennweiler, oo 03/10/1824 Hennweiler) e cc2 **Andreas Christ** em 07/04/1828 em SAM. A neta **Maria Katharina Zerfass** (n. 02/04/1826) cc **Pedro Hannikel** (n. 07/03/1821) em 09/08/1842 em SAM (Augustin). O filho chamado **Michael Donsbach** (n. 22/11/1795 Reich) foi listado em separado. Na Holanda constavam o casal e mais 2 pessoas. Estavam na lavoura em SAM no ano de 1827, segundo Siriani.
6) Avulso(a).
7) **Johann Peter Jacoby (Jacobi)**. Família evangélica, consta na relação da galera Maria, saída para Santos (BN). **Johann Peter Jacobi** (n. 13/03/1782), filho de **Johann Peter Jakobi** (1756-1819) e **Anna Maria Wagner** (1753-1783), alfaiate, e esposa **Maria Margaretha** (n. 30/08/1792 Oberkostenz), nascida **Ochs**, casamento em 07/04/1814, Oberkostenz, com 4 filhos, **Anna Catharina**, n. 20/05/1816, Oberkostenz, **Johann Peter**, n. 23/11/1818, **Johann Jacob,** n. 05/05/1821, e **Maria Elisabeth,** n. 30/10/1823, 1 irmã do chefe da família (**Maria Margaretha** Jacobi, n. 11/09/1795 Oberkostenz, viúva), 1 sobrinha (**Maria Margaretha** n. 29/07/1823 Oberkostenz), Augustin e Zenha. Uma filha chamada **Maria Margaretha** (n. 24/03/1815) não é citada no Brasil. A filha **Anna**

Catharina (Ribeiro cita como Margaretha) cc **Jacob Grimm/Cremm** (Fam. Bras. de Orig. Germânica VIII – Inst. Martius-Staden/Augustin) e o filho **Johann Peter** Jakoby cc **Carolina Grimm**. A irmã do chefe **Maria Margaretha** cc **Jacob Heidrich** (18/07/1828), conforme Ribeiro. Provavelmente, ao ficar viúva da família Jacoby, a **Maria Margaretha** cc **Jacob Sellig** (n. 12/06/1796 Oberkostenz – constam na relação de Imigrantes ICA 1830), pois Ribeiro cita "**Maria Margarete Jacob** casou em 19/10/1828 com **João Jacob Zillig,** ambos na Galera Holandesa Maria". Os filhos da **Maria Margaretha** estavam como enteados do **João Jacob Zillig**. Em Amsterdã estavam o casal, 5 crianças e 1 irmã. Eram de Oberkostenz/Rhein-Husrück/Renânia-Palatinado (Augustin). Uma **Maria Margarida Jacobi** aparece em SAM em 1837 (Siriani).

8) **(Joseph) Carl Nivow/Nienhove (Ninove/Ninhove/Neinhof/Nienoff).** Consta na relação da galera Maria, saída para Santos (BN). **Carl** (n. 1802), lavrador e ferreiro/torneiro, e esposa **Margaretha** (n. 1794), possivelmente viúva Printz, a filha **Anna Margaretha** (n. 1825), e dois enteados do chefe da família: **Johann Printz** (n. 1818) e **Anna Maria Printz** (n. 1825), estes últimos listados em separado. Na Holanda constavam o casal e 3 filhos. Um filho chamado **José David?** nasceu em 14/12/1828 (Itapecerica). Consta na relação de Zenha de Itapecerica em 1830, porém sem a filha **Anna Margaretha**, mas com os dois enteados e o filho **José**. Siriani cita **Carlos Nienove** na lavoura em SAM (1827). No site Family Search (FS) aparece O **Carlos Ninove** como católico no registro de nascimento (Itapecerica, 14/12/1828) do filho **José David** (transcrito incorretamente para **Joze Dorio**), esposa **Anna Margarida**. Outro registro no FS indica um **Joze Carlos Ninove**, com uma filha nascida em Sorocaba em 1831 **(Maria**), esposa **Margarida**. Provavelmente é o mesmo imigrante. Origem desconhecida até o presente momento.

9) **Barbara Peitzen**, sobrinha de **Johann Peter Christ** (Kirst), n. 1801, de Reckershausen/Simmern. Relacionada em separada dos demais Christ. Não citada pela autora Siriani. Na relação de documentos do Instituto Martius-Staden consta **Maria Barbara Peitz** cc **Bauermann** (105055).

10) **Peter Stenshorn (Steinshorn).** Consta na relação da galera Maria, saída para Santos (BN). O **Peter** (n. 1799? Lieser), solteiro, sua irmã, **Anna Elisabeth** (n. ca 1804 Lieser), viúva, com a filha dela **Elisabeth** (n. 1821 Lieser), conforme Zenha, Arquivo do Estado de São Paulo e Augustin. Não constam na relação de Amsterdam. Aparecem na relação de ICA de 1830 (Arquivo do Estado de São Paulo), onde consta "**Peter** ?? anos, **Anna** mulher 26 anos e **Isabel** filha 9 anos", sendo que a idade do **Peter** está rasurada, tendendo para 50 ou 56 anos, mas podendo ser menor. Segundo Augustin, um **Peter Stenshorn** de Lieser n. 1799, filho de **Peter Stenshorn** e **Angela Brigitta Loch,** seria o irmão da **Anna Elisabeth**, ambos citados acima. As informações da cidade de origem foram repassadas por um genealogista da Alemanha,já falecido, para nosso colaborador. Não foi possível descobrir a fonte original. Fica a dúvida da idade do Peter e se seria esta família realmente. **Pedro Steinshorn** estava na lavoura ICA em 1828, segundo Siriani.

11) **Michael Rockenbach (Rochenbach/Rocumbach).** Família católica, consta na relação da galera Maria, saída para Santos (BN). **Michael,** n. 10/02/1798, católico, Biebern, perto de Simmern, filho de **Johann Jakob Rockenbach** (1762-) e **Anna Catharina Buus**, esposa **Anna Katharina** nascida **Wilbert**, n. 26/05/1787, filha de **Johann Matthias Wilbert** e **Maria Margaretha Käfer**, casamento em 27/01/1807, a sogr**a Anna Regina** (informação da lista dos passageiros do veleiro Maria seguindo do Rio de Janeiro para Santos, mas no registro paroquial de Biebern o nome da sogra aparece como **Maria Margaretha Käfer** e não foi localizado um segundo casamento de **Michael**) e 8 filhos **(Michael**, n. 28/01/1808 Biebern, **Anna Katharina**, n. 13/08/1809 Biebern, **Peter**, n. 21/01/1814 Biebern, **Anna Maria**, **Anna Regina**, n. 06/08/1821 Biebern, **Anna Elisabeth**, **Anna Katharina**, n. 04/03/1824 Biebern e **Joseph/Josef**, n. 06/07/1826 Biebern perto de Simmern (Hunsrück), segundo Zenha e Augustin. A filha **Anna Regina** morreu no RJO em 28 de dezembro, segundo BN. Eram 8 filhos em Amsterdam mais a mãe, mas Zenha só registra 6 filhos em Santos. Entretanto no registro de embarque no Rio estavam os 8 filhos registrados. Possivelmente dois filhos morreram na viagem a Santos. **Michael** se casou (cc2) posteriormente com **Maria Gottfried** (veleiro Alexandre) sendo a família dela proveniente de Ramelpan, no Kusel/Baviera (Siriani, p.75). O **"Miguel Rocumbach**" estava na lavoura em SAM no ano de 1827, juntamente com seu filho **Miguel**, segundo Siriani.

12) **Anna Elisabeth/Anna Maria Schneider.** Consta na relação da galera Maria, saída para Santos (BN). Anna Maria Elisabeth, nascida **Studer (Stueter/Stueder/Staedler)**, n. 1774, viúva de **Georg Philipp Schneider** (1779-1827 Baumholder, conforme FS**)**, casados em setembro de 1798 Hennweiler, Kreuznach, Rheinland (FS), chegou com 10 filhos: **Anna Katharina** (1804-??), **Anna Elisabeth** (n. 01/01/1806 Landkreis, Kusel - 1891), **Elisabeth Margaretha**, **Johann Philipp** (n. 1807/1808 Baumholder, Birkenfeld – 1864, cc **Louise Catharina Diedrich**), **Maria Elisabeth** (n. 1812), **Philippina** (n. 1815-1875), **Carolina** (n. 1819-1870), **Anna Maria** (n. 1822), **Johann Jacob** (n. 1824-??) e **Dorothea** (n. 1825-1888), conforme Zenha, FS. Não se conseguiu localizar os registros civis na Alemanha. O chefe da família teria falecido na Holanda (FS). Constam na relação de Zenha dos colonos de Itapecerica em 1830. Não constam na relação da Holanda. Segundo informações de um descendente, a filha **Anna Elisabeth** teria casado com o **Friedrich Helfenstein** que estava na Holanda e que também teria viajado neste mesmo navio. O sogro dele teria falecido na travessia. Na lista dos passageiros da galera Maria a viúva aparece como **Anna Isabel** e na relação de colonos de ICA (1830) consta como **Anna Maria Studer**. As filhas **Anna Katharina** e **Elisabeth Margaretha** não aparecem nesta relação com a família, pois provavelmente casaram na chegada ao Brasil. Citação de Hüttenberger "**Anna Catharina** cc **Hermann Mohr** e **Elisabeth Margaretha** cc **Christopher Mohr**, ambos irmãos que viajaram no costeiro Santa Delfina. Os Mohr e Helfenstein foram vizinhos da viúva Schneider em Itapecerica". Os dois irmãos Mohr constam no Anexo F de Zenha "colonos em

Itapecerica em 12/11/1828”, em lotes separados de sua mãe Maria Catharina. A **Anna Maria Schneider** aparece na lavoura em SAM (1827), segundo Siriani.

13) **Jacob Zillig (Zellig/Sellig/Sillig). Família** evangélica (Augustin), consta na relação da galera Maria, saída para Santos (BN). **Jacob**, viúvo de Oberkostenz 12 km de Simmern/Hunsrück, n. 12/06/1796, filho de **Johann Friedrich Ludwig Zillig** (1773-1824) e **Anna Katharina Feiber** (1775-), esposa **Anna katharina Land** (que provavelmente faleceu na Holanda), n. 1794, filha de **Matthias Land** e **Anna Catharina Kötz**, com 2 filhos: **Johann Nikolaus**, n. 31/07/1821 Oberkostenz, e **Johann Peter**, n. 27/11/1823 Oberkostenz, mais 2 irmãs do chefe: **Maria Katharina**, n. 21/05/1813 Nieder Kostenz oo 1832 **Peter Reimberg** e **Maria Elisabeth**, n. ca. 1803; e 1 irmão do chefe, **Johann Peter,** n. 27/04/1808 Nieder Kostenz oo 1828 **Maria Katharina Weinmann** n.20/03/1811 Horshbach, este último relacionado em separado nesta lista. O **Jacob Zillig** é citado no jornal alemão de SP (1930). A mãe do chefe, **Anna Katharina Feiber**, n. 1775 deve ter falecido na viagem para a Holanda ou ainda na Prússia, pois aparece na relação de quem quer emigrar (Koblenz), mas não consta na relação de emigrantes na Holanda (lá constam o casal, 4 filhos, 1 irmão e 2 irmãs). O filho **Johann Christoph**, n. 04/03/1827, deve ser um dos que estavam na Holanda, mas não aparece no Brasil (deve ter falecido na Holanda ou na viagem transatlântica). A notação de 4 filhos na Holanda foi um erro? O chefe de família, pelos dados, só tinha 3 filhos vivos. A esposa poderia ter tido um filho em Amsterdã e morrido ambos pós-parto? Ela não aparece no Brasil e o **Jacob** consta como viúvo. O **Jacob** tinha um irmão chamado **Mathias** (n. 20/04/1800 em Ober Kostenz) que aparentemente não emigrou da Prússia para o Brasil. Na relação de colonos de ICA (1830) este **(Johann) Jacob Sellig** e esposa (cc2) **Maria (Margaretha) Jacoby (irmã ou vva da** família nº 37 da relação de colonos em ICA), aparecem com os dois filhos citados (**J. Nikolaus** e **J. Peter**) e 4 enteados (**Anna** – n. 1816; **Johann** – n. 1818; **Johann Jacob** – n. 1820 e **Maria** – n. 1822). Esta **Maria** seria a segunda esposa (era a viúva Maria Margaretha Jacoby). **Siriani** também cita este casal. O filho **Johann Peter** viveu em Itapecerica em 1875.. Um segundo casal, família nº 38 da mesma relação de colonos de ICA, **Jacob**, n. 1791 e **Maria**, n. 1794, aparece com a filha **Maria** (n. 1824) e um filho **Jose** de 9 meses. Possivelmente erro de anotação na época, pois não havia outro **Jacob Sellig** na Holanda, ou mesmo conhecido. Em separado nesta relação de passageiros aparece o casal **Johann Peter Sellig** (n. 1809) cc **Maria Catharina Weimann** (n. 1812), registro de casamento em 27/12/1828, ele irmão do **Jacob Sellig**, mais a outra irmã **Maria Catharina** (n. 1814 – cc Peter Reimberger 1832), na família nº 29. O **Jacob Zillig** não é citado por Siriani na lavoura.

14) **Johann Philipp Stoffel (Stöffel/Stophel).** Consta na relação da galera Maria, saída para Santos (BN). **Johann Philipp Stoffel,** cat., viúvo (n. 06/12/1776, Pfalzfeld, perto de Kastellaun), filho de **Johann Peter Stoffel** e **Anna Margaretha** NN, esposa **Maria Franziska Valentina Wickert** (n. 177x?-11/04/1825 Kastellaun), filha de **Johann Wickert** (1735-1817) e **Maria**

Margaretha Castello (1731-1795), casados 07/11/1802, Kastellaun, com dois filhos: **Anna Margaretha** (n. 23/01/1809), Mathias **Anton** (n. 28/06/1806, Kastellaun) e mais a cunhada, **Margaretha Wickert (Wiketin)**, cerca de 70 anos, relacionada em separado (Zenha e Augustin). Na Holanda constava o casal e 2 filhos. Outra filha do casal, **Maria Margaretha** (n. 25/08/1804), faleceu em Kastellaun em 10/01/1820. Consta na relação de Zenha dos colonos de Itapecerica em 1830, seu filho **Anton** cc **Escolastica** ?? (n. 1805 Santo Amaro). O pai **Felippe** e a filha **Ana Maria Stöffel** estavam na lavoura em Santo Amaro (1828), segundo Siriani (a filha **Anna Maria** com ocupação desconhecida). O filho **Anton** pode ser o **Antonio "Stoff"** que consta, segundo Siriani, na lavoura em Itapecerica, e chegou cerca de 1830 no Brasil.

15) **Sebastian Weishaupt (Weißhaupt/Weischaupt).** Família evangélica, consta na relação da galera Maria, saída para Santos (BN). **Sebastian** (n. 18/10/1779), protestante, sapateiro, de Spesenroth, perto de Kastellaun, distrito de Koblenz, pais eram **Johann Nicolaus Weißhaupt** (1735-1788) e **Maria Margaretha Schneider** (1755-), esposa **Maria Margaretha Caspar** (n. Spesenroth), 3 filhos: **Maria Katharina**, n. 1811 ou 1812, Spesenroth, **Johann Adam**, n. 15/01/1813 ou 1814, Spesenroth, e **Johann Michael**, n. 01/10/1824, protestante, de Spesenroth (Hunsrück), e mais 1 irmã do chefe (**Maria Katharina**), segundo Zenha, Augustin e livro Famílias Brasileiras de Origem Germânica vol. VIII do Instituto Martius-Staden, 2011. A esposa faleceu na Armação em 16/11/1827 (BN). Consta na relação de Zenha dos colonos de Itapecerica em 1830, sem a filha **Maria Katharina** e a irmã do chefe de mesmo nome. Provavelmente a filha **Maria Katharina** cc **Heinrich Fischer** (Ribeiro). O pai **Sebastian** trabalhou na lavoura (1828). O filho **Adam** Weishaupt (cc **Anna Catharina Moor/Mohr** – registro de casamento) estabeleceu uma pequena sapataria em Itapecerica, concorrente do Friedrich Helfenstein (1828). O filho **Johann Michael** (cc **Catharina Cremm** - registro de casamento) era ferreiro (1828). O filho **Peter** trabalhou na lavoura e criação (1828), segundo Siriani. Segundo o livro Famílias Brasileiras de Origem Germânica vol. VIII do Instituto Martius-Staden, 2011, o **Sebastian** cc2 **Ana Catharina Kerst** (vva **Christoph Kerst**). Segundo Ribeiro o Sebastian teria nascido em Allerkils/Hunsrück (sic?), o que conflita com nossos dados.

16) **Margaretha Wickert (Wiekert/Vicketin).** Filha de **Johann Wickert** (1735-1817) e **Maria Margaretha Castello** (1731-1795), casados 07/11/1802, Kastellaun. Irmã de **Maria Franziska Valentina Wickert** (n. 177x?-1825), cc **Johann Philipp Stoffel**. Provavelmente é a que consta em SAM (1830) como "Wickert, Margarida, 70, agregada, Dr. Mello Franco". Trabalhou em serviços domésticos – 1828 (Siriani). Sem maiores informações. Seu cunhado, **Philipp Stoffel,** era de Pfalzfeld, perto de Kastellaun. Possivelmente ela tenha nascido em Kastellaun ou em localidade próxima. O registro de nascimento não foi localizado.

17) **Johannes Conrad (Conrads/Conrado/Conrath/Konrath).** Consta na relação da galera Maria, saída para Santos (BN). **Johannes** (de Lieg/Lütz, n.

19/11/1785, agricultor) e esposa **Susanna Meurer** (Meurer – FS/Koblenz Stadt; n. ca 1800 – Zenha e planilha Excel) e 3 filhos: **Anna Margaretha** (n.? f. 03/02/1828 Brasil), **Johann** (n. 01/04/1818 Lieg) e **Johann Peter** (04/04/1822), segundo Zenha e Augustin. Constam na lista de imigrantes de Treis/Koblenz. Na Holanda estavam o casal e 4 filhos. Provavelmente a **Susanna Meurer** era a 2ª esposa sendo seu filhos **Johann Peter** (1822), **Mathias Joseph** (1825) **e Anna Maria/Margaretha** (n. 1826). A primeira esposa foi **Margaretha Hammes**, c. 15/02/1814, filhos **Anna Maria/Margaretha** (1816-), **Johann** (1818-) e **Anton** (1819-). Nos dados do Arquivo do Estado de Koblenz – a idade da **Susanna** e o registro do **Johann Peter** não aparecem. Se correto, dos seis filhos apenas 4 estavam na Holanda. Portanto, dois filhos devem ter falecido na Alemanha, ou na viagem para a Holanda: **Mathias Joseph**, n. 14/10/1824 e **Anton** (n. 1819). O Chefe da família deve ter falecido na viagem a Santos, ou logo após a chegada, pois sua esposa **Suzanna** (sem sobrenome citado) aparece casada com **Mathias Welling** (n. 1809), em SAM – 1830 – com os três enteados do novo marido: **Anna Maria Conrads** (14), **João Conrads** (12) e **João Pedro** (08). A idade da **Anna** que sobreviveu era de 14 anos em 1830, ou seja, deveria ser a **Anna Margaretha** (filha da Hammes) e não a **Anna Maria** (filha da Meurer), a qual em 1827 tinha apenas 1 ano de idade. Houve algum engano de anotação? Lieg fica perto de Lütz, os dois locais também perto de Cochem, onde um descendente afirma que seria sua origem. O **Johann Peter** cc (1845) **Maria Catharina (Margarida) Scholl** (* 18/02/1826, de Mittelstrimmig), filha de **Johannes Scholl** (*1795) e **Luisa Masmann**, segundo o descendente Geraldo B. Martha Jr (e-mail). A **Suzana** estava na lavoura em SAM no ano de 1827, segundo Siriani. Um **André Conrado** é citado por Siriani na lavoura e criação em SAM (1827), mas não sabemos se era parente.

18) **Georg Pörsch (Poersch/Perch/Persch/Poesche).** Consta na relação da galera Maria, saída para Santos (BN). **Georg** (n. 1774) e esposa **Anna Maria Printz (Perenes)**, 5 filhos (**Georg**, **Margaretha**, **Anna Maria**, **Sophia** e **Gertrudes**). A Gertrudes teria falecido na viagem entre Rio e Santos (Zenha). Aparecem na relação de Zenha dos colonos de Itapecerica em 1830. O filho **Georg** n. 1813 (17 anos) cc **Margaretha** ??? n. 1813 (família nº 9). A **Anna Maria** (n. 1794 – 36 anos), com as filhas **Margaretha** (n. 1818, 12 anos) e **Sophia** (n. 1822 – 8 anos), sem o marido e a filha **Anna Maria** (família nº 26), que devem ter falecido por ICA. Poderiam ser o **Georg Perge** e **Margarida Perge** que estavam em ICA ca 1830, conforme Siriani.

19) **Ludwig Ross.** Consta na relação da galera Maria, saída para Santos (BN). **Ludwig** (n. 1790, Herschwiesen) e esposa **Anna Maria**, 2 filhos **Barbara** (n. 09/02/1822, Herschwiesen) e **Anna Maria** (n. ca 1827 nas costas da Holanda) e 1 criado (**Inerim** ou **Quirim Corbach/Korbach**), 29 anos (relacionado em separado). Na Holanda estavam o casal, 3 filhos e 1 irmão. A filha **Elisabeth Roos** (n. 02/10/1824, Herschwiesen) não é citada no Brasil, podendo ter falecido na viagem transatlântica. Confundido com **Ludwig Boef**: "Consta na relação da galera Maria, saída para Santos (BN). **Ludwig** e mulher **Anna Maria**, filhos

Barbara e **Anna Maria**, mais o criado **Inerim Corbach** (BN)". O "**Luiz Ross**" estava na lavoura em SAM no ano de 1827, segundo Siriani. A mesma autora cita um "**Fillipe Ross**" (pode ser o irmão que acompanhava na Holanda) com um armazém de secos e molhados em São Paulo no ano de 1827.

20) **Heinrich Strassburger (Strasburger/Straßburger).** Consta na relação da galera Maria, saída para Santos (BN). **Heinrich** (n. 1780 Panzweiler) e esposa **Julianna** (n. 1782), filhos **Heinrich** (n. 1812?), **Johann** (n. 1813), **Friedrich** (n. 1818) e **Jacob** (1827, no Brasil). A família ficou cuidando do filho **Heinrich** no hospital do RJO, aonde ele veio a falecer em 09/01/1828 (BN). Consta na relação de Zenha dos colonos de Itapecerica em 1830. Siriani cita que **Henrique Strasburger** estava na lavoura em ICA (1828-1889) e **Felippe Strasburger** (possivelmente o irmão ou um dos filhos?) estava na lavoura SAM (1827-1889). O **Heinrich** era irmão da esposa **Anna Catharina Strassburger** (n. 16/03/1775 Panzweiler). Eram filhos de **Johann Strassburger** e **Margaretha Rosenbach.**

21) **Gottfried Johann Friedrich Palm.** Consta na relação da galera Maria, saída para Santos (BN), casal **Gottfried** (n. 1788? Bruttig? - FS) **e Anna Maria,** e 6 filhos **(Jacob, Anna Maria, Margaretha, Maria Anna, Elisabeth e Johann Friedrich**). Na Holanda estavam o casal e 6 filhos. A filha **Elisabeth** morreu no hospital do RJO a 30 de abril (1828), segundo BN. Consta na relação de colonos em ICA de 1830 (Zenha). Siriani cita **o Palm Gottfriett** na lavoura em SAM (1828-1889). O pai era tanoeiro e o filho **Johann Friedrich** possuía o Hotel Palm em São Paulo em 1862, entre outros hotéis de uma rede na segunda metade do século XIX (Ribeiro). Não foi possível localizar a origem.

22) **Jakob Mertens (Mertes/Merves).** Consta na relação da galera Maria, saída para Santos (BN), casal **Jakob** Mertens (n. ca 1779 Mörsdorf), moleiro e lavrador, e esposa **Elisabeth Cönen/Coenen** (n. 1788), e 3 filhos: **Anna** (n. 1816), **Anton** (n. 09/11/1817), e **Susanna** (n. 26/07/1825), segundo Arquivo do Estado de Koblenz. Constam na lista de imigrantes de Treis/Koblenz. O filho **José** nasceu no Brasil (1829/1830). Consta na relação de Zenha dos colonos de Itapecerica em 1830. No arquivo de Koblenz consta "Segundo relatório do prefeito de Treis-Karden, datado de 1º de julho de 1827, enviado ao administrador distrital, **Mertes** e sua família partiram para o Brasil em 28 de junho de 1827.". Siriani cita **Jacob Mertes** na lavoura em ICA (1828).

23) **Peter Hoen (Stoen).** Consta na relação da galera Maria, saída para Santos (BN), casal (**Peter** e **Anna Margaretha**) e 4 filhos (**Jacob, Carl, Anna Elisabeth** e **Anna Margaretha**). Origem e destino final desconhecidos.

24) **Johann Peter Barten (Barth/Barté/Bartê).** Família católica, consta na relação da galera Maria, saída para Santos (BN). **Johann Peter**, n.18/08/1781, católico, de Haserich, carpinteiro e agricultor, filho de **August Barten** e **Margaretha Hecker**. (n. 1779?) e esposa **Margaretha** nascida **Massmann** (n. 06/01/1780), filha de **Peter Massmann** e **Anna Barten**, casamento em Kastellaun 11/01/1802, com 5 filhos: **Maria Katharina**, n. 17/03/1806, Mittelstrimmig, **Johann Peter**, n. 22/12/1808, Mittelstrimmig, **Peter Joseph**, n. 11/08/1812, Mittelstrimmig, **Andreas**, n. 27/05/1816, Mittelstrimmig, e **Margaretha**, n.

20/05/1821, Mittelstrimmig, (Hunsrück), segundo Zenha e Augustin. Sobrenome grafado também como **Balten/Bartel/Barté** (Inst. Martius-Staden). Na relação de colonos de SAM de 1830 aparece como **Pedro Balten**, esposa **Margarida**, filhos **Pedro José** (16), **Andre** (12) e **Margarida** (10). O filho **João Pedro** (n. 1809) aparece na mesma relação casado com **Barbara** Balten (n. 1808). O filho **Andreas** cc **Carolina Pabst** (Siriani, p. 222) Na lavoura (**Balten**) em SAM no ano de 1827, pai **João Pedro** e filho **Pedro**, segundo Siriani. Posteriormente morou em Itapetininga e Sorocaba, SP (Fonte: http://jlnogueira.no.comunidades.net/yohann-peter-barth-joao-pedro-barth, em: 07/02/2023).

25) **Andreas Caspers (Kaspers).** Família católica (Augustin), consta na relação da galera Maria, saída para Santos (BN). **Andreas,** n. 09/08/1793 cat., de Altstrimmig/Cochem-Zell (Augustin cita Mittelstrimmig), agricultor e tecelão de linho, filho de **Johann Caspers** (1750 -) e **Apollonia Schunck** (1752 -), esposa **Susanna** nascida **Thomas** (**Thomes/Dommes**), n. 09/12/1793 Altstrimmig, filha de **Johann Peter Thomas** (1758 -) e **Maria Catharina Conrads** (1760 -), casamento: 19/01/1820 Senheim, e 3 filhos: **Anna Maria**, n. 25/11/1822 Altstrimmig, **Johann Peter**, n. 03/11/1824 Altstrimmig e **Johann Joseph/Josef**, n. 27/01/1827 Altstrimmig (Hunsrück). Consta na relação de Zenha dos colonos de Itapecerica em 1830 (Kaspers), sem o filho **Johann Joseph,** e com um filho chamado **Pedro** de 10 meses. Na Holanda estavam o casal e 3 filhos. Na lavoura em SAM no ano de 1827, segundo Siriani. Ribeiro cita que teria aceitado terras em ICA (?).

26) **Johann Jacob Conrad.** Consta na relação da galera Maria, saída para Santos (BN). **Johann Jacob,** n. 17/02/1791 Dickenschied, filho de **Johann Wilhelm Konrad** (1764-) e **Anna Maria Catharina Walpurga Vier** (1756-1814), esposa **Anna Maria Christ** (n. 06/02/1790 Reckershausen), casados em 26/01/1821, Dickenschied, e 2 filhos: **Barbara** (19/09/1821, Dickenschied) e **Andreas** (29/01/1825, Dichtelbach), segundo Zenha e Augustin. Era de Dickenschied/Rhein/Hunsrück. Na Holanda estavam o casal e 2 filhos. Trabalhava na lavoura em SAM no ano de 1827, segundo Siriani.

27) **Michael Donsbach.** Família católica, consta na relação da galera Maria, saída para Santos (BN). **Michael,** n. 27/11/1795, católico, de Reich, Hunsrück**,** filho de **Johannes Donsbach** e **Eva Elisabeth Philippi** (06/07/1761 Külz)**,** e esposa **Maria Catharina** (n. ca 1806**)** ou **Anna Christina Martin (**n. 11/10/1805 Heinzenbach)**,** filha de **Adam Martin** (1758-1831) e **Catharina Carl** (1769-1818), casamento 13/04/1825 Simmern, segundo Zenha e Augustin. Segundo Ribeiro, o **Michael Donsbach** era filho do **Johann Donsback** que estava no mesmo veleiro. Na Holanda estavam o casal e 1 filho. Este filho deve ter falecido antes de chegar ao Brasil. Na relação de colonos de SAM de 1830 o **Michael** aparece com 34 anos, a esposa é grafada como **Maria Catharina** (24) e um filho com 3 meses é relacionado **(Pedro**). Estava na lavoura em SAM no ano de 1827, segundo Siriani.

28) **Mathias Fickinger.** Consta na relação da galera Maria, saída para Santos (BN). **Mathias** (n. 23/04/1800, Würrich) filho de **Georg Fickinger** e **Anna Elisabeth Jörg**, esposa **Maria Katharina** nascida **Schug,** n. 1791, filha de **Nicolau Schug** e **Maria Elizabeth Jost**, casados em 24/01/1826, Schwarzen, segundo Zenha e Augustin. Na Holanda estava apenas o casal. No Arquivo do Estado de Koblenz há a seguinte citação: "**Fickinger** pretende emigrar para o Brasil com mais 2 pessoas (incluindo 1 menor de 14 anos)". O casal estava na lavoura em ICA no ano de 1828, segundo Siriani.
29) **Philipp Jacobs (Jacobi).** Consta na relação da galera Maria, saída para Santos (BN). **Philipp** (n. 1790? f. 1870 Guareí), filho de **Philipp Jacobs ou Jakobs** (n. 18/02/1744 Kratzenburg, Halsenbach, Sankt Goar, Rhein, Preußen, Deutschland f. 24/12/1805 Kratzenburg, Halsenbach, Sankt Goar, Rhein, Preußen, Deutschland) e **Katharina Goerges**, esposa **Katharina Schmidt/Schmitt** (n. 1791 f. 1870? Guareí), casados 18/02/1822 Norath, Sankt Goar, Rheinprovinz, Preußen, Deutschland, com 3 filhas: **Anna Maria**, **Elisabeth** (n. 1827 f. 17/09/1897 cc Jacob Stanagel) e **Katharina**. Na Holanda estava o casal e 3 filhos. Em 1830 nasceu a filha **Barbara**. Na lavoura em SAM (Jacobi) no ano de 1827 (Siriani). Segundo Ribeiro apud Zenha o **Philipp Jacob** teria aceitado as 400 braças quadradas em Santo Amaro. Aluisio de Almeida (Guareí e a 1ª imigração oficial alemã, 1827 – Revista Municipal em São Paulo) cita que a maioria dos imigrantes de 1827 eram Renanos, da região do Trier, católicos, sendo que em 1840 consta em Guareí (**Felipe Jacob**) e possuía livro de orações e passaporte. Cita Almeida que "Os **Kern** (**Mathias Kern**) e os **Jacob** eram parentes entre si pelas mulheres **Schmidt**". O **Mathias Kern/Keres** (n. ca 1809) casou (16/08/1828 Embú SP – conforme o site FS) com a **Anna Maria Schmidt/Schmitt** (n. ca 1807) irmã do **Johann Schmidt/Schmitt** (n. ca 1804) e da **Katharina Schmidt** (esposa do Philipp) que estavam no veleiro Maria (os três estavam na mesma família em ICA). A filha **Elisabeth** cc **Gaspar Steinagel** em Quareí (Ribeiro). Segundo Ribeiro apud Sommer o **Philipp Jacob** era de Oberkostenz, protestante. Segundo as mesmas fontes o **Johann Peter Jacob** era seu irmão e este último teria ido com a sua família para Itapetininga.
30) **Heinrich Kaempfer (Kraempfer/Kämpfer/Kampfer/Kemp?). Heinrich** e esposa **Anna Elisabeth**, 1 filha **Maria Katharina** (Arquivo do Estado de SP) ou **Anna Katharina** (Zenha). Não aparece nas listas de SAM e ICA (Zenha). Na Holanda estavam o casal e 1 filho. Aparece "**Maria Kampfer** – 1828" numa relação de "Imigrantes residentes na capital durante o século 19" site Imigração germânica no estado de São Paulo (disponível em https://gomessilva2.wixsite.com/imigracaoalemasp/sobre-1-c10fr, acesso em 30/05/2022). Aparentemente foram para São Paulo, pois a **Maria Katharina Kampfer** residiu em São Paulo, ocupação indefinida, segundo Siriani (1828-1889). Teria o chefe da família falecido, restando apenas a esposa ou filha? Não se conseguiu localizar sua origem.
31) **Philipp Kraemer (Krämmer/Cremer?).** Consta na relação da galera Maria, saída para Santos (BN). **Philipp** e esposa **Anna Barbara** e 3 filhas: **Katharina**,

Anna Maria ("morreu no dia 14 de janeiro, em S. Paulo") e **Marianna**. A esposa faleceu na Armação em 27/11/1827. Assinou a requisição de terrenos em Santo Amaro, no dia 12 de Novembro de 1828 em Itapecerica (Anexo F de Zenha). Estava na lavoura em SAM, segundo Siriani (1827-1889). Não se conseguiu localizar sua origem.

32) **Johann Peter Kunz (Kuhnst/Kuntz).** Consta na relação da galera Maria, saída para Santos (BN). **Johann Peter**, n. 14/07/1793, Womrath, cat., filho de **Johannes Kunz** (1760-) e **Anna Elisabeth Schmidt** (1757-), esposa **Elisabetha Schmitz**, n. ca 1802, filha de **Heinrich Schmitz** e **Angela Schuhmacher**, casados em 23/06/1821, Womrath, e 3 filhos: **(Anna) Magdalena** (21/05/1822 Womrath), **Elisabetha** (28/10/1826 Womrath), e **Nikolaus** (nascido depois de 1.813), segundo Zenha e Augustin. Uma filha **Clara Kunz** n. 25/09/1823 Womrath consta nos registros civis. A filha **Magdalena** morreu na viagem do mar (BN). No Arquivo do Estado de Koblenz consta "**Kunz** pretende emigrar para o Brasil com outras cinco pessoas (quatro delas com menos de 14 anos). Sua esposa tem 25 anos". Portanto uma criança deve ter falecido na ida a Amsterdam, no caso a **Clara.** Segundo informações constantes da edição no. 2 da publicação "Famílias Brasileiras de Origem Germânica" (Instituto Martius-Staden) o **Johann Peter** era irmão do **Jacob Kunz/Kuntz** (n. 1791) cc **Maria Izabel Scherr** (n. 1795), sendo ele de Koblenz e ela da Baviera (chegaram ao Brasil em 1828). Este **Jacob** chegou no navio Alexander. Ele se estabeleceu em SAM inicialmente e depois os descendentes do **Jacob** se espalharam pelo interior de SP chegando a Limeira. Com o **Johann Peter** (lavrador e fabricante de pregos) ocorreu o mesmo, mas os descendentes se espalharam por Botucatú. Siriani cita um **Jacob** e um **Peter Kuhns** na lavoura em SAM (1827-1889).

33) **Peter Joseph Kuhn (Kuntz).** Consta na relação da galera Maria, saída para Santos (BN). **Peter Josef**, n. 27/02/1793 Womrath, cat., filho de **Christian Kuhn** (1757-) e **Maria Barbara Eidens** (1756-), esposa **Katharina e** filho **Heinrich Jacob,** segundo Zenha e Augustin. No Arquivo do Estado de Koblenz existe a seguinte informação sobre um **Peter Kuntz** que imigrou em 1827: "O prefeito de Kirchberg relata em 9 de maio de 1827 'O município de Womrath, que gosta de vê-lo de costas, deseja muito [,] que lhe seja emitido um passaporte por vários motivos, mesmo que lhe falte algum dinheiro de viagem, e quer até lhe dizer algo sobre a viagem [,] mesmo que seja 20 a 30 Reichstaler.' De acordo com o administrador distrital (15 de maio de 1827), Kunz não poderia obter um passaporte porque não tinha o dinheiro necessário para viajar". Aparece em SAM (Lista de 1830 – Anexo I de Zenha) o **Adam Kuhn** (36) cc **Catharina Kuhn** (42), enteado **Jacob Henrich** e agregado **Pedro** de 7 anos. O **Peter Joseph Kuhn** teria falecido? O **Adam Kuhn** teria viajado no navio **Charlotte & Louise**.

34) **Simon Klein.** Consta na relação da galera Maria, saída para Santos (BN). **Simon (**n. 26/05/1784), Buch, filho de **Peter Klein** e **Anna Maria Hastenpflug**, agricultor), esposa (cc2?) **Margaretha Limbach** (n. ca 1795 Zilshausen),

casamento em 15/07/1823 Buch, e 7 filhos: **Peter Joseph** (1812)**, Katharina** (n. 1815), **Peter** (n. 1818), **Maria Anna**, **Agnes** (n. 01/05/1824 Buch), **Elisabeth** (n. 30/12/1825 Buch), e **Anna Maria** (1828), segundo Zenha e Augustin**.** A primeira esposa pode ter sido a **Anna Maria Ruwer** (Augustin). Também segundo Augustin, no registro da igreja o Simon possuía 4 filhos com sua primeira esposa, mas não aparece a **Anna Maria**, porém consta uma filha chamada **Maria Anna**. Com sua segunda esposa teve dois filhos na Alemanha. A filha **Anna Maria** faleceu na Armação em 15/11/1827 (pode ter nascido na viagem da Prússia para o Brasil) e a filha **Maria Anna** (Marianna/Marianne) faleceu no RJO no dia 15/12/1827 (BN). Um filho **José** nasceu no Brasil em 1829. Era de Buch/Simmern (Huettenberger). A filha **Katharina** casou com **Heinrich Schunck** (n. 03/05/1810 Ulmet), por volta de 1835/1836, o qual chegou no veleiro Alexandre (com o pai), segundo Augustin e Fey. O **Simon** estava na lavoura em SAM (1828) e o **Peter** na lavoura em ICA (1827), segundo Siriani. Este filho **Peter** cc **Maria Joaquina** em 1836 (Ribeiro). Foi uma das famílias mais ricas de Santo Amaro (agricultura, gado e fabricação de tijolos), segundo a escritora Siriani. A **Catharina Klein Schunck** instalou um curso de primeiras letras no bairro de São José (Santo Amaro) para atender os imigrantes (Siriani, p.87).

35) **Johann (Nicolau?) Martini** (Martiny/Martin). Consta na relação da galera Maria, saída para Santos (BN). **Johann** (n. 1766) e esposa **Anna (Margaretha)** (n. 1783), 3 filhos: **Johann Adam** (n. 1815), **Johann Nikolaus** (n. 1825), **e Johann Conrad (?),** segundo Zenha e **APESP**. O filho **Johann Adam** ficou em casa da vva de **Luis Pra**? (BN). A filha **Izabel** n. 1830. Consta na relação de Zenha dos colonos de Itapecerica em 1830, família nº 32. Na Holanda estavam o casal e 3 filhos. Um **Johann Martini**, de Womrath/Hunsrück, possui o seguinte comentário no Arquivo do Estado de Koblenz: "Martini pretende emigrar para o Brasil com outras sete pessoas (6 delas com menos de 14 anos). Sua esposa tem 31 anos". Segundo a mesma fonte ele teria 33 anos e nascido circa de 1797. Possivelmente eram de famílias diferentes. Um outro **Johann Martini**, também provavelmente de Womrath/Hunsrück, chegou a SLE em 16/12/1827. Siriani cita **Nicolau Martin** na lavoura em SAM (1828). Não se conseguiu localizar sua origem.

36) **Johann Meiners (Meinerts/Meinertz).** Consta na relação da galera Maria, saída para Santos (BN). **Johann** n. 26/09/1786, católico, de Haserich, ferreiro e diarista, e esposa **Margaretha** nascida **Hoff**, n. 06/11/1779, católica, Blankenrath, casados em 02/01/1811 Kastellaun, com 4 filhos: **Elisabetha**, n. 18.12.1811, Haserich, **Margaretha**, n. 04.04.1813, Haserich, **Maria Margaretha**, n. 27.04.1816, Haserich e **Jacob**,n. 27.07.1819, Haserich (Hunsrück), segundo Zenha e Augustin. Consta na relação de Zenha dos colonos de Itapecerica em 1830, sem a filha **Margaretha**. Johann Meinerts envolveu-se numa discussão religiosa entre católicos e protestantes, sendo preso (Zenha e Siriani). Siriani cita **Johann Meiner** na lavoura em SAM (1827). O sobrenome acabou sendo alterado para Menezes pelo interior de São Paulo (pelo Hessel).

37) **Georg Ochs.** Consta na relação da galera Maria, saída para Santos (BN). (Johann) **Georg** n. 1785, Altlay), ev., pais: **Johann Peter Ochs** (n. 09/03/1759, Altlay) e **Anna Christina Steffen ou Steffens** (n. 19/08/1783?, Altlay), e esposa **Anna Elisabeth** nascida **Wagner**, pais: **Leopold Wagner e Anna Elisabeth Lahm**, casados em 03/06/1813, com 4 filhos: **Anna Elisabeth** (n. 29/10/1814, Altlay), **Anna Katharina ou Maria Katharina** (n. 07/02/1823, Altlay), **Johann Peter (**n. 25/11/1820, Altlay), e **Johann Nikolaus** (n. 02/08/1825, Altlay), mais a mãe do chefe da família, **Anna Christina Ochs** (n. 1766? – 64 anos em 1830). A filha **Anna Catharina** faleceu em 27/01/1828 e outra nasceu em Cubatão (**Gertrudes**). Na Holanda estavam o casal, 4 filhos, uma irmã e a mãe. O Georg era irmão do Heinrich Peter. A irmã pode ser a **Maria Margaretha** (n. 30/08/1792 Ober Kostenz), casada em 07/04/1814 com o **Johann Peter Jacoby (Jacobi)**, evangélicos, ambos no mesmo navio e ele também da localidade de Ober Kostenz (Augustin e Zenha). A mãe dele (**Anna Christina**) aparece em ICA com o **Heinrich Peter** (irmão). Siriani cita na lavoura em SAM (1827) o **"I" Ochs**, possivelmente o próprio **Georg**. A mesma autora cita um **Peter Ochs** na lavoura em ICA (1827), possivelmente o filho de **Georg**.

38) **Heinrich Peter Ochs.** Consta na relação da galera Maria, saída para Santos (BN). **Heinrich Peter** (n. 01/08/1787, Altlay), pais: **Johann Peter Ochs** (n. 09/03/1759, Altlay) e **Anna Christina Steffen** (n. 19/08/1783?, Altlay), esposa **Anna Maria Jost** (n. 02/06/1786 Roth - n. 1792?), e filha **Maria Christina (Catharina?),** n. ca 1818, segundo Zenha e Augustin. Na Holanda estavam o casal e 2 filhos. Um filho deve ter falecido na viagem. No entanto, os filhos do casal na origem eram os seguintes: **Maria Catharina** (1820-), **Maria Margaretha** (1821-), **Maria Elisabeth** (1826-) e **Anna Catharina** (1825-). A filha no Brasil seria apenas a **Maria Catharina**. Consta na relação de Zenha dos colonos de Itapecerica em 1830, incluindo a mãe da esposa **Anna Christina** (n. ca 1766). Na lavoura em SAM (1827), segundo Siriani. O irmão **Georg Ochs** estava no navio. Siriani cita o **Henrique Pedro Ochs** na lavoura em SAM (1827).

39) **Michael Rippel.** Consta na relação da galera Maria, saída para Santos (BN). **Mathias** (n. 21/02/1772, Reich, cat., lavrador), esposa **Anna Catharina Strassburger** (n. 16/03/1775 Panzweiler), filha de **Johann Strassburger** e **Margaretha Rosenbach**, casados em 08/03/1791 Biebern, filhos **Philipp** (n. 1812) e **Johann Nikolaus** (n. 1817), segundo Zenha, Siriani e Augustin. Consta na relação de Zenha dos colonos de Itapecerica em 1830. Na Holanda aparece como **Michael** e em Zenha como **Mathias**. Um filho deve ter falecido na viagem, pois na Holanda estavam o casal e três filhos. Siriani cita "**Mathias Riple**" na lavoura em SAM e "**Philippe Riple**" na lavoura em ICA (1827). Eram de Reich/Rhein-Hunsrück/Renânia Palatinado (Augustin). A esposa **Anna Strassburger** seria irmã do **Heinrich Strassburger?** Siriani cita **Mathias Riple** e **Philippe Riple** na lavoura em SAM (1827).

40) **Nicolao Stipp** (Stip). Poderia conter um **Linneu** no nome, informação não confirmada. Consta na relação da galera Maria, saída para Santos (BN). **Nicolao** (n. 1787? Kröv) e esposa **Maria Agathe** (**n.** 1787? ou 1782?), casamento em

1817 Kröv, Bernkastel-Wittlich, Renânia Palatinado, filhos **Joseph** (n. 1818 Kröv), e **Peter Joseph** (n. 1821), segundo Zenha e Augustin. Estão na relação de colonos de ICA de 1830, onde se informa que a filha **Margarida** n. 1829 (no Brasil). Na Holanda consta o casal e 3 filhos. Augustin informa os seguintes filhos imigrantes: **Josef** (1818-1895 Kröv-Piracicaba), **Peter Josef** (1821-1889 ?-Itapecerica), **Johann Peter** (1826-? Kröv-?). Um filho então teria falecido antes da chegada ao Brasil (**Johann Peter**?). O **Nicolau Stipp** estava na lavoura em Itapecerica em 1828 (Siriani). Não foram localizadas as certidões de nascimento. As idades do casal no documento do Arquivo do Estado de São Paulo estão "borradas", portanto aqui são estimadas.

41) **Johannes Scholl (Schöll)**. Família católica (Augustin), que consta na relação da galera Maria, saída para Santos (BN). **Johannes** (n. 09/03/1795 Beulich), filho de **Anton Scholl** (1761-1828) e **Anna Kremer** (1768-1814), esposa **Luzia Masmann** (n. 04/04/1789? Mittelstrimmig), filha de **Johann Adam Massmann** e **Anna Hillen**, casados em 27/10/1823 em Senheim/Mosella, filhos **Johann Peter** (n. 28/02/1824, Mittelstrimmig) e **Margaretha (Catharina?)** (n. 18/02/1826, Mittelstrimmig). Era de Beulich/ Mittelstrimmig (Hunsrück, perto de Cochem/Mosella), segundo Huettenberger/Augustin. Na relação de colonos de SAM de 1830 aparecem os filhos **Pedro** (6), **Catharina** (4) e **Maria** (11). Sobre a **Margaretha** (provavelmente **Margaretha Catharina**) "Ela teve dois irmão mais velhos, **Pedro e Maria** à época com 6 e 11 anos", segundo Geraldo B. Martha Jr (e-mail) apud Zenha. Colonos de SAM em 1830. Na Holanda estavam o casal e 2 filhos. Esta filha **Maria** não foi anotada na Holanda e nem na relação da galera Maria na viagem RJO a STS, mas aparece na relação de colonos em SAM de 1830. A **Maria** também não foi encontrada nos registros na Alemanha. O **João Scholl** estava na lavoura em SAM no ano de 1827, segundo Siriani.

42) **Johann Jacob Steffens**. Família católica, consta na relação de passageiros da Galera Maria do Inst. Martius-Staden. **Johann Steffens**, n. 18/02/1795 Schauren, filho de **Johann Peter Steffens** e **Maria Katharina Steines**, agricultor, viveu também em Mittelstrimmig, depois Liesenich, sua esposa **Susanna** nascida **Theisen**, n. 28/04/1792, de Mittelstrimmig, filha de **Johann Theisen** e **Maria Christina Wilhelms** (ou **Maria Catharina Wellems**, segundo Augustin), casada 25/01/1816 Beilstein, filhos **Johann Peter**, n. 15/11/1821 católico, Mittelstrimmig, e **Maria Katharina** (n. 1828 em Santos), segundo Zenha, Huettenberger e Augustin. Um filho deve ter falecido na viagem, pois na Holanda estavam o casal e 2 filhos. Consta na relação de Zenha dos colonos de Itapecerica em 1830, com os filhos **João** (11), **Maria** (2) e **Pedro** (5 meses). Augustin cita o filho **Franz** (n. 10/08/1826, Liesenich) e o **Johann Peter** (n. 15/11/1821), vivos, e 04 filhos falecidos na Prússia (**Maria Anna, Anna Katharina, Peter Josef** e **Anna Katharina**). O **Franz** pode ter falecido na Holanda ou na viagem transatlântica. O **João Steffens** estava na lavoura em SAM no ano de 1827, segundo Siriani. Uma filha **Anna** cc **José Hannickel** (09/02/1847) é citada por Siriani, tendo provavelmente nascido no Brasil. A mesma autora cita um **Cornélio Steffens** (n. 1804), cc **Luzia Roosen** (n. 1810)

na mesma situação e local, mas em 1828. No entanto este último casal consta da lista de colonos de ICA (1830). Não sabemos se era um parente.

43) **Johann Theissen** (Teizen) Família católica, consta na relação da galera Maria, saída para Santos (BN). **Johann** (n. 14/07/1781, Mittelstrimmig), filho de **Johann Theisen** e **Maria Catharina Wellems**, esposa **Suzanna**, nascida Wilhelms em 22/01/1782 Altstrimmig, filha de **Peter Wilhelms** e **Susanna Preib**, casamento em 10/02/1808 Beilstein, filhos **Johann Peter**, n. 23/11/1809 Altstrimmig, **Maria Anna**, n. 26/12/1813 Altstrimmig, **Maria Katharina**, n. 12/12/1816 Altstrimmig, **Maria Clara**, n 04/06/1820 Altstrimmig, **Johann Joseph**, n. 02/06/1823 Altstrimmig (Hunsrück), o qual morreu nesta praça (Santos) no dia 19 de dezembro de 1827, e **Maria** (nascida a 16 de dezembro de 1827 - Santos, batizada em 28 do mesmo mês e ano, no Brasil). Na Holanda estavam o casal e 5 filhos. Constam na relação de Zenha dos colonos de Itapecerica em 1830, porem sem a filha **Maria**. A filha **Anna** cc **José Hannickel** (Siriani, p. 215).). A filha **Clara** cc **Johan Peter Jonas** (Ribeiro). Siriani cita a **Suzana** e o **Anton Teizen**, na lavoura em Itapecerica e **João Teizen**, na lavoura em Santo Amaro (entrada no ano 1828 no Brasil).

44) **Jacob Zweybrucker** (Zweibruecker). Consta na relação da galera Maria, saída para Santos (BN), como "Zewibrucker". **Jacob** (n. 07/06/1802, em Lahr) e esposa **Elisabeth Fuhr** (n. 1804), filhos **Johann** (n. 1825) e **Johann Peter** (1827), segundo Zenha e Augustin. Uma filha **Luiza** nasceu em 1830 (Lista dos colonos alemães na Freguesia de Itapecerica da Serra - 1830). **Jacob Zweibrücher** trabalhava na lavoura em SAM - 1827 (Siriani).

45) **Nikolaus Knebel** (Knöbel). Consta na relação da galera Maria, saída para Santos (BN). **(Johann) Nikolaus** (n. 02/10/1797 Roth), lavrador, e esposa **Anna Katharina** nascida **Werner** (n. 01/10/1790 Wohnroth), casados em. 24/08/1820 Roth, filhos (Johann) **Peter** (n. 15/12/1821 Wohnroth), **Maria Elisabeth** (n. 29/12/1823 Roth), **Philipp** (n. 1825) e **Anna Maria** (n. 1826 Wohnroth?), segundo Zenha e Augustin. Consta na relação de Zenha dos colonos de Itapecerica em 1830. Augustin nos informa que o casal era de Roth, perto de Kastellaun, sendo os filhos de Wohnroth/Bell/Rhein-Hunsrück/RP. Augustin cita o filho **Nicolaus** (n. 26/07/1826 Wohnroth). Este filho **Nicolaus** poderia ser **Nicolaus Philipp ou Philipp Nicolaus**? O **Philipp** não é citado por Augustin e ele aparece na relação de colonos em ICA (1830). Existem diferenças nas idades entre as fontes citadas. O **Nicolaus Knöpel** estava na lavoura em SAM em 1827 (Siriani). Mudou-se para São Paulo capital, onde possuía uma loja no bairro da Liberdade (Ribeiro).

46) **Johann** (n. ca 1804) e **Anna Maria Schmidt** (n. ca 1807). Constam na relação da galera Maria, saída para Santos (BN). Irmãos solteiros que chegaram juntos no navio Maria. Na Holanda estavam apenas os dois irmãos. **Johann** (n. 1804) viveu em ICA (1830). O **Johann Schmidt** consta na relação de Zenha dos colonos de Itapecerica em 1830, como casado e com a seguinte observação "(2) Falta a mulher que largou do marido" (confundiu-se irmã como esposa?). O **João Schmidt** estava na lavoura em ICA no ano de 1828, segundo Siriani. A

irmã dele provavelmente seja a esposa do **Mathias Kern/Keres** que aparece em 1830 em ICA. Outra possível irmã dos dois seja a Katharina Schmidt/Schmitt cc Philipp Jacobs. O Johann encontrava-se na cidade de São Paulo em 1836, trabalhando como alfaiate (Ribeiro). Não foi possível localizar a origem.

47) **Friedrich Helfenstein.** Consta na relação do IMS, viajando do RJO a STS. Segundo um descendente da família "Frederich Helfenstein saiu da Holanda em 1827 com a família Schneider, sendo que casou com a filha **Anna Elisabeth Schneider** em Itapecerica da Serra. O sogro faleceu na Holanda (em 1827 conforme um jornal da época de SP) antes de embarcar. Sua sogra veio para o Brasil com 10 filhos. Friedrich Helfenstein com sua família trabalhavam como estalajadeiros no Castelo de Lichtenberg. Dois irmãos dele foram a colônia de Dois Irmãos no Rio Grande do sul; Heinrich (veleiro "Helena Maria" – vulgo "Cäcilia") e Johan Henrich Helfentein (este não loalizado) já casados na Alemanha. Friedrich Helfenstein meu trisavô tinha muitas terras em Santo Amaro, onde hoje encontra-se o bairro de Ambura até a Colônia". Friedrich Helfstein n. 02/11/1798 f. 10/05/1887, lavrador/sapateiro cc (18/07/1828) Anna Elisabeth Schneider n. 01/01/1806 f. 10/07/1891 ICA, viveram em SAM (1830), pais de 8 filhos, segundo dados do livro Famílias Brasileiras de Origem Germânica vol VIII do Instituto Martius-Staden, 2011. Segundo o pastor Nohel (Deutsche Zeitung) "O progenitor desta casa foi Friedrich Helfstein, nascido na Alemanha em 2 de novembro de 1798, veio ao Brasil em março de 1828, aos 30 anos, e morreu aqui em 10 de maio de 1887, aos 89 anos. Sua esposa, a senhora Anna Isabella Helfstein, também atingiu uma idade excepcionalmente avançada. Ela nasceu na Alemanha em 1 de janeiro de 1806 e morreu em Santo Amaro em 10 de julho de 1891". Friedrich Helfstein declarou em 1852 que viajou no veleiro Maria, saindo da Alemanha em junho de 1827 (Hüttenberger). Friedrich Helfenstein estabeleceu uma pequena sapataria em Itapecerica (concorrente do Adam Weishaupt), segundo Siriani. Segundo a mesma autora, ele trabalhava na lavoura em SAM (1827). Um **Heinrich Helfenstein** (talvez parente do Friedrich) viajou no Helena Maria e era de **Ruthweiler** (Hunsche) perto de **Thallichtenberg**. Possivelmente então o **Friedrich** seja de alguma localidade destas citadas ou próximo a elas, mas até o momento não se localizou seu registro de nascimento. Algumas informações não confirmadas indicam que o Museu da Emigração de Oberalben poderia conter informação deste emigrante.

48) **Peter Höhn (Hoen/Stoen)**, com mulher **Anna Margaretha** e filhos **Jacob**, **Carl**, **Anna Elizabeth** e **Anna Margaretha** (BN). Siriani cita um **Philippe Höhn** em ICA, na lavoura, em 1828.

49) **Johann Printz (Prinz)**, n. 1818 e irmã **Anna Maria**, n. 1825 (BN). Estavam como enteados na família "Ninove" na ida para Santos e em ICA (1830). Possivelmente houve o casamento do Johann **Printz** com a **Anna Margaretha Ninow**, em anos subsequentes (FS?). Provavelmente a esposa de **Carl Ninow**, **Margaretha** (n. 1794), possivelmente viúva **Printz**, era a mãe deles. Não havia

um chefe de família na Holanda com sobrenome Printz. Não citados por Siriani. Não foi localizada sua origem.

50) **Peter Goergen (Gürgens/Gobgers/Gorgens).** Consta no anexo G do artigo de Zenha como "Pedro Gürgens, sem oficio, cidade, boa conduta". Aparece na relação da Holanda com informações duvidosas, aparentemente solteiro. Segundo Andrä foi um dos 17 militares que participou da marcha dos 19 mercenários do Rio de janeiro a S.Paulo e recebeu nota de Melo Franco com "boa conduta". Sem maiores observações de Andrä. Na pesquisa de Augustin em relação à localidade Buch, foi localizado o **Peter Görgen**, n. 13/01/1790 Buch, filho de **Peter Görgen** (n. 1751 Buch) e **Margaretha** nasc. **Leusch** (n. 1755 Buch?). Não citado por Siriani.

51) **Inerim ou Quirim Corbach/Korbach**. Consta no anexo G do artigo de Zenha como "**Querino Corbach**, marcineiro, cidade, idem". Possivelmente era criado da família Roos (lista de passageiros da galera Maria viagem Rio-Santos). Segundo Andrä foi um dos 17 militares que participou da marcha dos 19 mercenários do Rio a S.Paulo e recebeu nota de Melo Franco com "boa conduta". Sem maiores observações de Andrä. Segundo Hüttenberger seria de Herschwiesen/Boppard/Rhein-Hunsrück.

52) **Peter Zillig (Sellig/Sillig/Zellig). Johann Peter**, n. 27/04/1808 Nieder Kostenz oo 23/12/1828 **Maria Catharina Weinmann** n.1811. Na relação de colonos de ICA (1830) aparece, em separado dos outros irmãos Sellig, o casal **Peter** Sellig (n. 1809) cc **Maria** (n. 1812), o filho João (2 meses?) e a irmã **Maria katharina** (16 anos; 1813 a 1890, segundo jornal da época). O **Peter** Sellig casou com **Maria Catharina Weinmann** (n. 20/03/1811 Horschbach) em 23 de dezembro de 1828 (Pastor Alfred Nohel - Augustin). O **Pedro Zillig** trabalhou na lavoura em Sam em 1828 (Siriani). Ele faleceu em 1888 (jornal da época – Zilles)

53) **Johann Volkheimer (Volksheimer/Volckheimer).** Aparece na relação de avulsos da galera Maria (Rio-Santos). Segundo o FS, existem muitos em Volckheimer na região de Kreuznach, Bad Kreuznach, Rheinprovinz, Preußen, Alemanha. Não consta na relação da Holanda. Não aparece na relação de SAM e de ICA. Não é citado pela autora Siriani. Sem maiores detalhes. Não há certeza de que estava no veleiro Maria. Não foi localizada sua origem.

4.3 RELAÇÃO DE PASSAGEIROS ADICIONAIS NA VIAGEM RIO DE JANEIRO SANTOS

O navio Maria foi contratado para levar os passageiros do Rio de janeiro até Santos. No Rio de Janeiro embarcaram alguns passageiros. Relacionamos abaixo alguns destes passageiros conhecidos

Nr Reg.	Sobrenome, nome (chefe da Família)	Qtde de Pessoas	Destino	Data de Chegada
1.	**ANUNCIAÇÃO**, Gertudres Teresa[1]	3?	SAM	1827

2.	**SILFWERHJELM,** Carl Adolph[2]	1	SAM	1827

Observações:

1) Gertrudes Teresa de Anunciação, viúva, família nº 43, passageiros nºs 226 a 228 aparece na relação na viagem de RJO a STS, sem maiores dados. Os acompanhantes da Gertrudes (ou talvez outros passageiros individuais) estão sem identificação (227 e 228) e consta a informação de que ela e os outros dois não compareceram (226 a 228) ao embarque (BN e Zenha). Não sabemos se viajou no navio ou de que família era.
2) Carl Adolph Silfwerhjelm. Era sueco e foi adicionado no navio no Rio de Janeiro (Huettenberger). Não sabemos se viajou no navio (viagem transatlântica).

Fim do capítulo 4.

CAPÍTULO 5 ORIGEM/DESTINO E INFORMAÇÕES GERAIS DOS IMIGRANTES

5.1 INTRODUÇÃO

Os emigrantes alemães que viajaram pelo veleiro Maria saíram de diversas cidades da antiga Alemanha (na época a maioria deles provinha da Prússia) em direção à Holanda, provavelmente num trabalho conjunto de agentes de emigração e da empresa de transporte marítimo.[22]

Uma observação importante deve ser feita: as estruturas geopolíticas da Alemanha na época da emigração da presente leva (ano de 1827) eram muito diferentes da estrutura da Alemanha da atualidade.

Por volta de 1800 a Alemanha era um império formado por centenas de principiados, cidades livres e estados eclesiásticos e aristocráticos, "que desde 1512 ostentara o impressionante título de Sacro Império Romano-Germânico" (Martin Kitchen – História da Alemanha Moderna).

Para suceder ao milenar Sacro Império Romano-Germânico, dissolvido em 1806 pelas invasões napoleônicas, foi criada a Confederação Germânica (Deutscher Bund, em alemão) no Congresso de Viena de 1815, sob hegemonia austríaca, a qual foi uma associação política e econômica (a Zollverein, a partir de 1834) dos principais territórios de língua alemã (Kitchen e Wikipédia).

Apesar do nome, "A entidade era uma confederação fraca de 39 Estados" e cada Estado estabelecia as suas leis e governo de forma independente (Kitchen e Wikipédia).

Conforme cita o Dr. Lothar Wieser[122], especialista na emigração alemã para o Brasil, especialmente do atual estado de Baden-Württenberg, em troca de mensagens por e-mail:

> Em geral faria mais sentido usar as estruturas políticas da Alemanha na época da emigração, pois muitos imigrantes no Brasil estão registrados como oriundos da Prússia, Saxônia-Coburgo, Baviera, Oldenburg, os quais, embora sejam oriundos da mesma região geográfica, hoje todos estes reinos foram agregados à atual Alemanha. Por exemplo, a Renânia-Palatinado de hoje é muito diferente do que era no início do século XIX. Outro exemplo, os imigrantes do atual estado de Saarland eram Prussianos. Quem procura seus ancestrais no Brasil pode começar pelos registros das autoridades. Isso não é feito baseado na posição geográfica, como por exemplo, Mosel, Eifel, Hunsrück, também não de acordo com a subdivisão política atual, mas em conformidade com a estrutura política do ano da emigração. Embora esse conhecimento não torne as coisas mais fáceis, no entanto, é útil para encontrar os registros.

> Um exemplo disso. Os arquivos da atual Rheinhessen (distrito administrativo no atual estado da Renânia-Palatinado) estão em Darmstadt, a então capital de Hessen-Darmstadt. Também como exemplo, o Pastor Klingelhöfer (que foi para o RGS) veio de Battenberg, do Alto Hesse, no então reino de Hessen-Kassel, hoje no estado do Hessen.

Prosseguindo, Dr. Lothar cita mais alguns exemplos:

> Os registros dos emigrantes da região geográfica do “Odenwald”, no então reino de Baden, estão em Karlsruhe, sua antiga capital, hoje estado de Baden-Württemberg. Os imigrantes da Pfalz, hoje Rheinland-Pfalz, foram registrados como emigrantes da Bavaria, mas as atas da emigração deles estão guardadas em Speyer (cidade independente ou distrito urbano da Renânia-Palatinado). "O exemplo mais complicado é o do reino Saxe-Coburg-Gotha que tinha o Principiado de Lichtenberg incorporado em 1816 (o Saxe-Coburg-Gotha era uma espécie de reino ou território independente com exclaves no interior de outros reinos. Com a sua dissolução em 1918, devido à queda do II Reich, seu território foi dividido e hoje pertence a vários estados como a Turíngia, Saxônia e Bavária, entre outros). O principiado de Lichtenberg, localizado entre Baumholder e Kusel, na margem direita do Nahe, foi vendido para a antiga Prússia em 31 de março de 1834, sendo incorporado às terras do distrito de Trier, na província do Reno, como um distrito de St. Wendel. Sua área agora pertence parcialmente aos estados de Sarre e Renânia-Palatinado. As atas dos emigrantes do antigo principiado de Lichtenberg estão guardadas em Coburg (cidade independente ou distrito urbano), que era capital do Saxe-Coburg-Gotha na época, hoje um município situado no norte do estado da Bavária.

Como nossa pesquisa é bibliográfica, normalmente citamos o imigrante e local de origem conforme as fontes nos revelam. Algumas vezes procuramos o local de origem de um determinado imigrante e nos referenciamos pela divisão política atual (usando muitas vezes o Google Maps, para verificar a região e distância até outras localidades).

Portanto, o leitor, ao procurar registros na Alemanha de um determinado imigrante, deve levar em conta nossas considerações e procurar determinar com a maior precisão possível a localidade, a região de origem e o reino de onde ele imigrou.

Para contextualização dos locais de origem, exibimos a seguir novamente o mapa da Alemanha com seus atuais estados, e os países vizinhos. Atente para o fato de que a Holanda está mais próxima do estado da Renânia-Palatinado (sudoeste da Alemanha), de onde veio a maioria dos imigrantes do veleiro Maria, do que das cidades independentes de Bremen e Hamburgo, de onde saíram vários navios com imigrantes destinados ao Brasil no período de 1824 a 1830.[24]

5.1 Alemanha na atualidade e países vizinhos na Europa. Figura adaptada – mapa orientativo (Fonte: Wikipédia).

Cabe destacar que no fim de 1827 e início de 1828 a emigração alemã para o Brasil estava bastante acentuada.

Assim comenta-se sobre este fato, em um artigo da landeshauptarchiv.de:[23]

> Na área do estado atual de Renânia-Palatinado, especialmente o Hunsrück e também o Eifel foram afetados. "Em 1825, a imigração registra os primeiros nomes do leste de Hunsrück, em 1826 já existem mais e, finalmente, em 1827, um forte movimento de emigração como uma conflagração no Hunsrück entre Nahe e Mosel, atingiu as aldeias de Mosel até o Trier, o Eifel, partes do Luxemburgo são registradas e finalmente o Saargau (NT= Beuren) e regressa ao reino de Sankt Wendel". A partir de um relatório de dezembro de 1827, escrito pelo administrador do distrito de Prüm, onde a "vontade de emigrar para o Brasil está se espalhando", aprendemos que, assim como ocorreu com os imigrantes norte-americanos, a situação econômica é o motivo encontrado ou motivação para a emigração especificada. Mas também muitos outros motivos existiram. Uma tentativa de contornar o serviço militar ou a pressão política podem ser motivos encontrados nos extensos arquivos sobre a emigração para o Brasil no século XIX, que são mantidos na capital provincial de Koblenz e nos arquivos estaduais de Speyer (tradução livre do autor).

A autora Monika Traut-Bonato[28] (p. 33) assim nos relata mais alguns dados sobre a emigração da Alemanha para o Brasil:

> A emigração de muitas pessoas do que é agora Rheinlandpfalz para o Brasil começou com a independência do Brasil em 1822. O imperador, e sua esposa austríaca, tentou recrutar camponeses e mercenários para o jovem país. Especialmente em Hunsrück e no Palatinado, muitos moradores estavam em uma situação social e econômica dramática. Eles viram na emigração a chance de escapar dessas dificuldades (tradução livre do autor).

Para o estado de São Paulo, colônia Santa Amaro, próxima da cidade de São Paulo (na época um simples povoado), seguiram cerca de 45 famílias, passageiros originais do veleiro Maria.

A grande maioria das famílias era principalmente das regiões do Rio Mosela e do Hunsrück, no atual estado da Renânia-Palatinado, vinda de várias cidades não muito distantes do rio Reno.

Para nos situarmos em relação ao estado de origem dos imigrantes, o Palatinado é uma região mais no sudeste do estado da Renânia-Palatinado, conforme podemos ver no destaque do mapa a seguir.

Figura 5.2 Região do Palatinado no estado de Renânia-Palatinado. Figura adaptada – mapa orientativo (Fonte: Wikimedia).

O Hunsrück é uma região semimontanhosa no centro do estado da Renânia-Palatinado, limitada geograficamente por quatro rios: Mosela, Nahe, Reno e Saar. Juntos. Esses quatro rios formam uma espécie de território quadrado.

Figura 5.3 Distrito de Hunsrück no estado de Renânia-Palatinado. Figura adaptada – mapa orientativo (Fonte: Wikimedia).

Vemos que a região de Hunsrück fica mais no centro do estado, enquanto que a região do Palatinado fica mais ao sul.

Observe na parte superior da figura o rio Mosela, na parte inferior o rio Nahe, no lado esquerdo o rio Saar e no lado direito o rio Reno.

No mapa exibido a seguir temos maiores detalhes da região do Hunsrück, sendo exibido o "quadrado" formado pelos quatros rios citados, além das principais cidades da região.

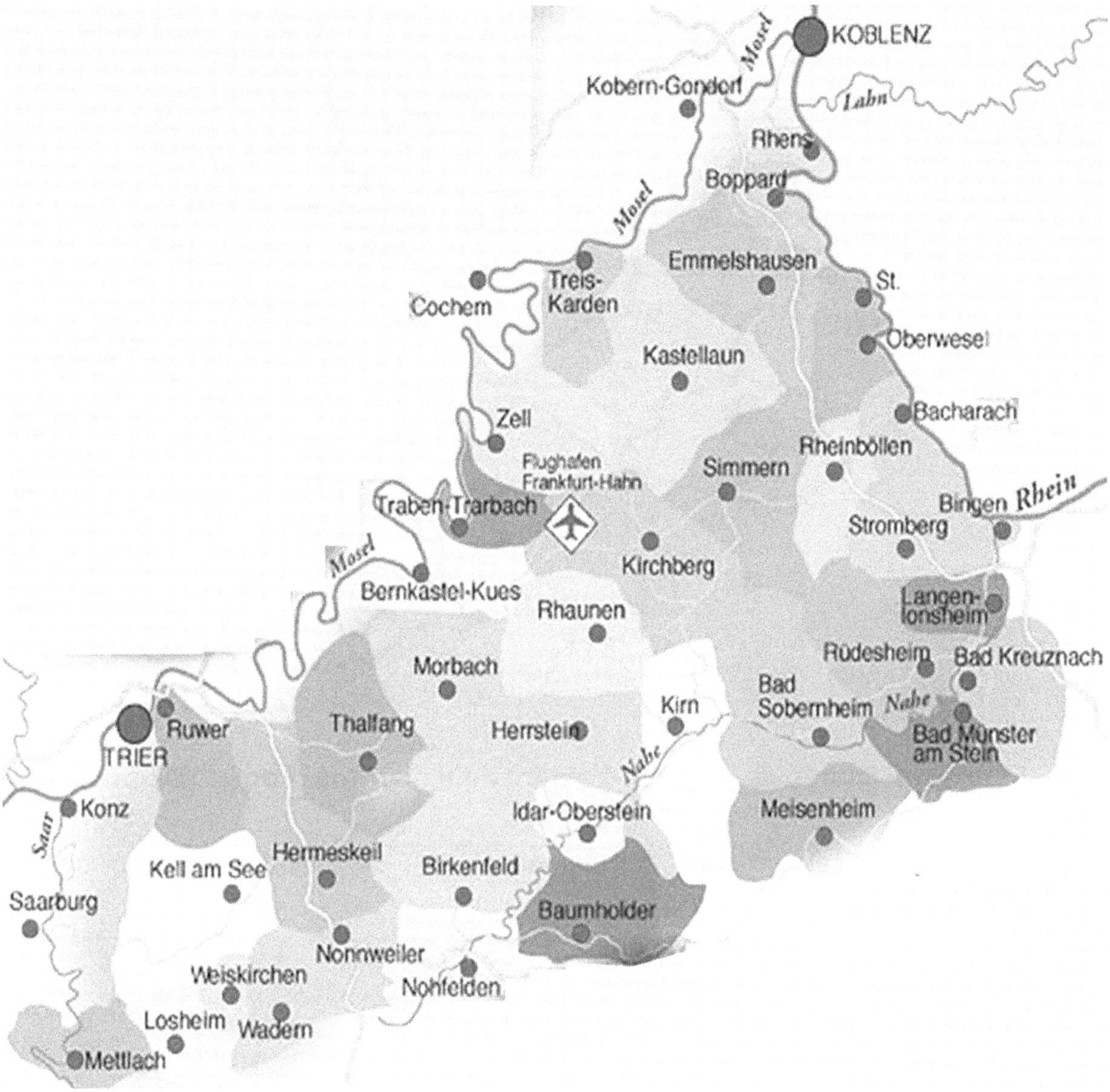

Figura 5.4 Detalhes da região do Hunsrück no estado de Renânia-Palatinado. Figura adaptada – mapa orientativo (Fonte: <https://www.hunsrueck-nahereise.de/prospekte>, 03/02/2019).

Observe na figura os quatro rios citados anteriormente (Mosela, Nahe, Saar e Reno).

Verifique também na parte superior do mapa: a cidade de Trier, lado esquerdo inferior da figura na margem do rio Mosel, Cochem subindo o Rio Mosel, Koblenz na parte superior direita (no encontro dos rios Mosel e Reno). Na parte inferior do mapa: a cidade de Birkenfeld (próxima ao rio Nahe) na parte média inferior e Bingen no lado direito, no leito do rio Reno (Rhein).

Na próxima figura exibimos os distritos do estado da Renânia Palatinado, e destacamos na legenda em vermelho aqueles de onde vieram a maioria dos imigrantes do veleiro Maria.

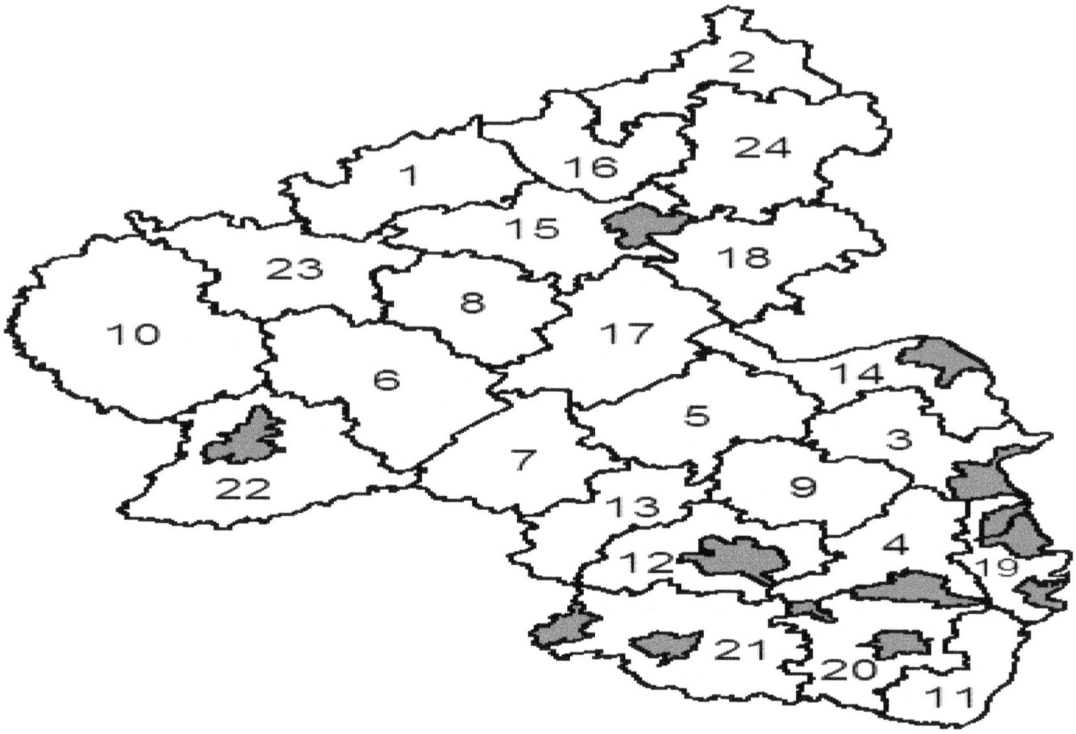

Figura 5.5 Estado da Renânia-Palatinado e distritos. Fonte: Wikipédia.org.

Observe que as divisões correspondem aos 24 distritos (*Kreise*) da Renânia-Palatinado:

1. Ahrweiler
2. Altenkirchen
3. Alzey-Worms
4. Bad Dürkheim
5. Bad Kreuznach
6. Bernkastel-Wittlich
7. Birkenfeld
8. **Cochem-Zell**
9. Distrito do Donnersberg (*Donnersbergkreis*)
10. Bitburg-Prüm
11. Germersheim
12. Kaiserslautern
13. Kusel
14. Mainz-Bingen
15. Mayen-Coblença (*Mayen-Koblenz*)
16. Neuwied
17. **Distrito do Reno-Hunsrück (*Rhein-Hunsrück-Kreis*)**
18. Distrito do Reno-Lano (*Rhein-Lahn-Kreis*)
19. Distrito do Reno-Palatinado (*Rhein-Pfalz-Kreis*)
20. Estrada do Vinho do Sudoeste (*Südliche Weinstraße*)
21. Palatinado do Sudoeste (*Südwestpfalz*)
22. Tréveris-Sarreburgo (*Trier-Saarburg*)
23. Eifel Vulcânico (*Vulkaneifel*)
24. Distrito da Floresta Ocidental (*Westerwaldkreis*)

Na figura a seguir exibimos as principais cidades do estado da Renânia-Palatinado. Destaque para as cidades de Lutzerath, Cochem, Koblenz, Kastellaun, Bullay e Trier, entre outras, e os quatros rios que delimitam a região do Hunsrück.

Figura 5.6 Estado da Renânia-Palatinado, cidades, rios e capital. Figura adaptada – mapa orientativo. Fonte: Wikipedia.org.

5.2 A CIDADE E O ESTADO DE ORIGEM DOS IMIGRANTES

Das cerca de 50 famílias que foram para São Paulo a grande maioria saiu do atual estado da Renânia-Palatinado na Alemanha, conforme já foi informado.

Veja a seguir a relação completa dos imigrantes localizados no Brasil e seus locais de origem, levando em consideração que as cidades de origem podem não refletir o local exato de onde os emigrantes alemães saíram para iniciar a viagem (podiam estar morando em um local diferente do nascimento, ou o local indicado é vizinho ao local onde estavam residindo de fato, por características da divisão político-administrativas dos municípios na Alemanha antiga e atual, etc.).

Nr Fam.	Sobrenome, chefe família	Cidade	Região Distrito	Estado
1.	**BARTEN,** Johann Peter (Barth/Barté)	Haserich/Mittelstr.	CZ	RP
2.	**CASPERS**, Andreas (Kaspers)	Altstrimmig	CZ	RP
3.	**CHRIST,** Peter (Kirst)	Reckershausen	RH	RP
4.	**CONRAD,** Johann Jacob	Dickenschied	RH	RP
5.	**CONRAD,** Johann (Konrath/Conrado)	Lieg/Lütz/	CZ	RP
6.	**CORBACH,** Quirin (Corboch)	Herschw./Boppard	RH	RP
7.	**DONSBACH**, Johann	Reich	RH	RP
8.	**DONSBACH**, Michael	Reich	RH	RP
9.	**ENDERS**, Johann (Catharina)	Altstrimmig	CZ	RP
10.	**FICKINGER,** Mathias (Fikinger)	Schwarzen/Simm.	RH	RP
11.	**GOERGEN,** Peter (Görgens/Gürgen)	Buch	RH	RP
12.	**HACK**, Franz (Hack/Hatz/Franz)	Beulich/Emmelsh.	RH	RP
13.	**HELFENSTEIN,** Friederich	Thallichtenberg???	??	RP
14.	**HÖHN,** Peter (Hoen/Stoen)	Dickenschied???	??	RP
15.	**JACOBS,** Philipp (Jacobi)	???	??	RP
16.	**JACOBY,** Johann Peter	Ober konstenz	RH	RP
17.	**KARBACH,** Johann Peter (Cor./Car./Kor.)	???	??	RP
18.	**KÄMPFER,** Heinrich (Kaempfer/Kraemp.	???	??	RP
19.	**KLEIN,** Simon	Buch/Simmern	RH	RP
20.	**KNEBEL,** Nikolaus (Knöbel)	Roth	RH	RP
21.	**KRÄMER,** Philipp (Krämmer)	???	??	RP
22.	**KUNZ,** Peter Joseph (Kuhn)	Womrath/Simmern	RH	RP
23.	**KUNZ,** Johann Peter (Kuntz/Kuhnst)	Womrath/Simmern	RH	RP
24.	**MARTINI,** Johann Nicolaus (Martiny)	Womrath/Simm.???	??	RP
25.	**MEINERS,** Johann (Meinerts)	Haserich	CZ	RP
26.	**MERTENS**, Jacob (Merdes)	Mörsdorf	CZ	RP
27.	**NINOW**, Carl Joseph (Nienhoven/Ninove)	???	??	RP
28.	**OCHS,** Georg	Altlay	CZ	RP
29.	**OCHS,** Heinrich Peter	Altlay	CZ	RP

30.	**PALM,** Gottfried Johann Friedrich	Büchenbeuren???	??	RP
31.	**PEITZEN,** Barbara (Peitz/Peitzin)	Reckershausen	RH	RP
32.	**PÖRSCH,** Georg (Poersch/Poesche)	Beltheim	RH	RP
33.	**PRINTZ**, Johann (Plentz)	???	??	RP
34.	**RIPPEL,** Mathias (Rippell?)	Reich	RH	RP
35.	**ROCKENBACH**, Michael (Rochen.)	Biebern/Simmern	RH	RP
36.	**ROOS,** Ludwig (Ross)	Herschwiesen	RH	RP
37.	**SCHMIDT,** Johann (Schmitt)	???	??	RP
38.	**SCHNEIDER**, G. Philipp (Anna Elisab.)	Baumholder/Hen.??	??	RP
39.	**SCHOLL,** Johann (Schöll)	Beulich/Mittelstrim.	BK	RP
40.	**STEFFENS,** Johann Jacob	Schau./Mittel./Lies.	CZ	RP
41.	**STEINSHORN**, Peter (Stenshorn)	Lieser	BW	RP
42.	**STIPP,** Nicolao (Stip?/STIEP /Step)	Kröv	BW	RP
43.	**STOFFEL,** Philipp (Stöffel/Stophel)	Pfalzfeld/Kastelaun	RH	RP
44.	**STRASSBURGER,** Heinrich	Panzweiler	CZ	RP
45.	**THEISSEN,** Johann	Altstrimmig/Altstr.	CZ	RP
46.	**VOLKHEIMER,** Johann (Volksheimer)	???	??	RP
47.	**WEISHAUPT,** Sebastian (Weischau.)	Spesenroth/Kastell.	RH	RP
48.	**WICKERT,** Margaretha (Vicketin)	Treis-Kard.?Buch??	??	RP
49.	**ZILLIG,** Jacob (Sillig/Sellig?Zellig)	Ober Kostenz	RH	RP
50.	**ZWEIBRÜCKER,** Jacob (Zweibrueck.)	Lahr/Eifel	BP	BW

Legenda:

BK = Distrito de Bad Kreuznach	01
BP = Bitburg-Prüm	01
BW = Distrito de Bernkastel-Wittlich	02
CZ = Distrito de Cochem-Zell	10
NL = Não Localizado	14
RH = Distrito de Rhein-Hunsrück	20

RP = Estado da Renânia-Palatinado **34**
34 origens conhecidas de **48** famílias.

Da listagem acima constatamos que:

- 14 famílias de Imigrantes (destaque em amarelo) não se localizaram as cidades de origem; alguns poucos não se têm certeza se viajaram, desistiram ou se faleceram na viagem;
- 34 famílias de Imigrantes vieram do estado da Renânia-Palatinado (70 % do total de famílias imigrantes e 100 % das famílias com origem conhecida).

Pelos dados que dispomos, a possibilidade de todos os imigrantes serem do atual estado da Renânia Palatinado é muito grande. Possivelmente todos os imigrantes sejam da região do Mosel (de Trier a Coblenz).

5.2.1 Distritos do estado da Renânia-Palatinado de onde os imigrantes vieram

Ordenados por distritos de maior para os de menor número de imigrantes (com a origem localizada):

20 famílias de imigrantes são do distrito de Rhein-Hunsrück;
10 famílias de imigrantes são do distrito de Cochem-Zell;
02 famílias de imigrantes são de distrito de Bernkastel-Wittlich.
01 famílias de imigrantes são de distrito de Bad Kreuznach.
01 famílias de imigrantes são de distrito de Bitburg-Prüm.

Verifica-se que o distrito de Rhein-Hunsrück foi o que cedeu maior número de família de imigrantes desta leva (20). Logo em seguida vem o distrito de Cochem-Zell com 10 famílias. Depois temos o distrito de Bernkastel-Wittlich (BW) com duas famílias. Finalmente temos dois distritos com apenas 1 família: Bitburg-Prüm (BP) e Bad Kreuznach (BK). Somando os dois primeiros distritos vemos que eles superam os 60% das 48 famílias que teriam vindo na galera Maria. Justamente os dois distritos mais próximos da cidade de Koblenz, de onde devem ter partido inicialmente para o porto de saída na Holanda.

Adotando o número total de 48 famílias no navio, percebe-se que temos 14 famílias das quais a origem não foi localizada.

5.2.2 Imigrantes (famílias) relacionados por cidade de onde vieram

Ordenadas por cidades, de maior para as de menor número de imigrantes:

03 Altstrimmig
02 Beulich/Emmelshausen/Mittelstrimming
02 Buch/Simmern
02 Haserich/Mittelstrimming
02 Herschwiesen/Boppard.
02 Ober Kostenz/Simmern
02 Reckershausen
02 Reich
02 Womrath/Simmern
01 Altlay/Heinzenbach
01 Beltheim
01 Biebern/Simmern
01 Dickenschied

01 Kröv
01 Lahr/Eifel
01 Lieg/Lützratf
01 Lieser
01 Mörsdorf
01 Panzweiler
01 Pfalzfeld/Kastelaun
01 Roth/Kastelaun
01 Schauren/Mittelstrimming/Liesen.
01 Schwarzen/Simmern
01 Spesenroth/Kastelaub

Total = 34

Percebe-se que as 09 primeiras localidades (de Altstrimming a Womrath) forneceram mais de 50% dos imigrantes desta leva em que se conseguiu localizar a origem. Mas os imigrantes estavam distribuídos entre outras cidades 15 localidades.

5.3 DESTINO DOS IMIGRANTES NO BRASIL

Os passageiros do **Maria** viriam destinados a se tornar colonos na então província de São Paulo.

Para tanto foi formada a Colônia Santa Amaro e a de Itapecerica.

Algumas famílias de colonos, no entanto, se dispersaram pelos arredores daquelas colônias, em buscar de melhores terra para o plantio.

Algumas outras famílias se estabeleceram na cidade de São Paulo, atuando no comércio daquela cidade (Santa Ifigênia no centro da cidade é citada por alguns historiadores como local em que alguns colonos se estabeleceram).

5.4 RELIGIÃO

Localizamos algumas citações sobre a religiosidade dos imigrantes que chegaram ao Brasil na Galera Maria, e que foram enviados para São Paulo, nas primeiras levas da imigração alemã para aquela província, as quais citamos abaixo.

No artigo "Os alemães estão chegando" Jornal do Estado de São Paulo (Suplemento especial Brasil-Alemanha), 1977, temos a seguinte citação:

> Três anos depois do inicio da colonização no Rio Grande do Sul, já começava a penetração em São Paulo. Schaeffer distribuiu 995 imigrantes do Paraná entre Rio Negro, Cubatão, **Itapecerica (112**

> **famílias católicas)** e **Santo Amaro (117 famílias evangélicas).** Grifo nosso.

Por sua vez, no site "Imigração germânica no estado de São Paulo", de Fernando C. Gomes Venzel, disponível na url <https://gomessilva2.wixsite.com/imigracaoalemasp>, acesso em: 30/04/2022, temos o seguinte:

> O INICIO DA IMIGRAÇÃO - SECULO XIX: A mesma se iniciou no estado de São Paulo no ano de 1827, quando foram trazidos da Alemanha 995 (novecentos e noventa e cinco) colonos contratados pelo major Schaffer a serviço do Governo Imperial. Com os referidos imigrantes foram constituídas as **colônias de Santo Amaro (na maioria evangélicos)** e de **Itapecerica (na maioria católicos).** Grifo nosso.

Por último, no livro "Histórias da repressão e da resistência. Etnicidade, Nacionalismo e autoritarismo. A comunidade alemã sob vigilância do DEOPS", 2006, FAPESP, da autora Eliane Bisan Alves, é citado o seguinte:

> Os primeiros alemães chegaram à província de São Paulo no início do século XIX. Em 1829, **dezessete famílias evangélicas instalaram-se em Santo Amaro, e doze famílias católicas, em Itapecerica da Serra, São Rogue e Embu,** regiões próximas à capital da província, onde construíram suas casas no estilo arquitetônico enxaimel, característico da Baviera. Grifo nosso.

No entanto, não se conseguiu confirmar estas informações até o presente momento (as fontes originais não foram localizadas).

De qualquer forma, parece lógico supor que, na primeira leva de imigrantes alemães para São Paulo, existiam imigrantes de ambas as religiões, católica e evangélica, com predominância de evangélicos

5.5 CONDIÇÕES SÓCIO-ECONÔMICAS

Não se tem muita informação, pelo menos de forma oficial, sobre os aspectos socioeconômicos destes passageiros do Maria e nem sobre o grau de instrução dos passageiros.

Algumas citações da leva deste navio indicam que os passageiros pagaram pela viagem, o que nos leva a crer que tinham condições financeiras para arcar com as despesas da viagem.

O fato de que alguns destes imigrantes adquiriram terrenos por conta própria em Itapecerica corrobora com esta nossa tese.

Entre os passageiros, até o presente momento, não localizamos nenhum relato que tenha sido deixado como legado, podendo nos levar a supor de que não havia muitos letrados entre eles.

No entanto, a autora Ribeiro afirma que muitos deste imigrantes sabiam ler e escrever e que tiveram um certo destaque na vida política no colônia e arredores.

Fim do capítulo 5

CAPÍTULO 6 A COLÔNIA SANTO AMARO

6.1 INTRODUÇÃO

Os imigrantes vindos no navio Maria se fixaram no atual estado de São Paulo, a maioria nas colônias de Santa Amaro e Itapecerica.

Alguns deles se dispersaram em regiões próximas, como São Roque, Cotia, Itapetininga, Sorocaba e nas áreas circunvizinhas da siderúrgica Ipanema, em Aroçaiaba da Serra (Baldin[127], p. 52).

Este capítulo procura esclarecer sobre a constituição da colônia, sua localização e como foi a sua evolução e extinção.

Sobre a busca de documentação sobre estes pioneiros, o artigo da DW "Alemães em São Paulo" (disponível em https://www.dw.com/pt-br/primeiros-alem%C3%A3es-em-sp-esperaram-mais-de-um-ano-por-terras-prometidas/a-4440092, acessado em 27/10/2022), autoria de Marcio Weichert, afirma que "94 famílias receberam lotes na região de Colônia, em Parelheiros, no então município de Santo Amaro, 40 quilômetros ao sul do centro da capital paulista".

> A reconstituição do modo de vida dos colonos alemães nesta primeira fase tem sido quase impossível. "Não há documentos oficiais, nem comunitários ou particulares", diz Daniela Rothfuss, coordenadora do arquivo e da biblioteca do Instituto Martius Staden, que procura documentar e pesquisar a história da imigração alemã, sobretudo em São Paulo.

6.2 A CRIAÇÃO DA COLÔNIA

Em 08 de novembro de 1827 o Visconde de São Leopoldo, da Secretaria de Estado dos Negócios do Governo, enviou ofício para o governo da província de São Paulo, informando em breve a chegada de imigrantes e solicitando providência para a escolha de terras para a criação de uma colônia alemã, após de discussão em conselho de um melhor local para tal finalidade (Zenha, p. 53).

Os imigrantes que viajaram pelo veleiro Maria chegaram à província de São Paulo ainda em 1827, pois da cidade do Rio de Janeiro, em 30 de novembro de 1827, seguiram para Santos onde desembarcaram na data de 13 de dezembro de 1827.

Ao chegarem à capital da província, após uma penosa viagem, lhes foi destinado como hospedaria o Hospital Militar. Em 1827 a cidade de São Paulo possuía em torno de 20.000 habitantes, sem infraestrutura para abrigar muitos visitantes. Esta chegada dos colonos alemães deve ter ocorrido no final de dezembro de 1827 ou no início de janeiro de 1828, tendo em vista que a viagem de Santos a São Paulo ter sido feita a pé, com auxílio de carros de boi (Zenha, p. 55).

Inicialmente escolhida terras em Itapecerica (1828), elas não foram aprovadas por boa parte dos colonos. Após nova indicação de terras em Santo Amaro, em 12 de faveiro de 1829 o conselho decidiu estabelecer a colônia nesta nova localidade.

No entanto a colônia de Santo Amaro só foi oficializada em 29 de junho de 1829, conforme cita a autora Siriani (p. 62)[129] “O assentamento na região de Santo Amaro deu-se por ocasião do sorteio dos lotes de terras aos 29 de junho de 1829, data em que se oficializou o imigração alemã para São Paulo”.

Conforme se constata, os colonos tiveram que ser sustentados por um longo tempo, gerando uma série de problemas para o governo da província e para os próprios colonos.

A autoria Siriani afirma que teve dificuldade para localizar os contratatos firmados entre os colonos e o governo imperial.

Por sua vez a autora Ribeiro cita[130]

> A pedido do Conselho da Província, enviava o Dr. Melo Franco, em 14 de junho de 1828, portanto seis meses depois de aqui terem chegado os primeiros colonos, uma tradução do contrato feito na Alemanha entre o Império Brasileiro, representado por seu procurador, o Major Georg Anton von Schaffer, e os colonos. O documento havia sido impresso em Altona (Hamburgo), dedicado, segundo a informação do diretor da colônia, à falecida Imperatriz, Dona Leopoldina, e assinado em Bremen a 20 de agosto de 1827.

Já no artigo de Carlos Fatorelli “Freguesia de Santo Amaro e a Colônia Paulista: Núcleo Colonial Imperial“ (<https://saopaulominhacidade.com.br/historia/ver/3605/180+anos+de+Imigracao+Alema+em+Santo+Amaro%252C+Sao+Paulo/pagina/1>, acessado em 27/10/2022) encontramos as seguintes citações sobre os contratos firmados (crédito ao autor do artigo):

1) Cada família receberia uma doação de 150 morgen, medida de área tradicional alemã, onde um morgen era a área para trabalho de um homem em um dia. Um morgen correspondia a 400 braças quadradas, sendo uma braça quadrada correspondente a 4,84m2, logo um morgen seria equivalente a 1936 m2 medida antiga romana, a quantidade de terra que um homem podia arar em um dia com uma junta de bois atrelados ao arado.

Do exposto podemos definir que o acerto contratual entre os governos da Alemanha e Brasil à época, foi definido em 150 morgen, ou seja, 290.400 m2 o que representava 29 hectares de terra a cada qual disposto a vir arar terras virgens na região de Santo Amaro.

2) Cada pessoa adulta receberia ainda, durante um ano e meio, 160 réis diários em moeda e cada criança receberiam metade dessa quantia;

3) Bois, cavalos, ovelhas seriam fornecidos pelo Governo, devendo o valor desse gado, em moeda ou espécie, ser restituído dentro de quatro anos;

4) Os colonos que tivessem vindo por conta do Governo teriam isenção de impostos por oito anos e, os que tivessem pagado suas passagens, por dez anos;

5) Os colonos ficavam na obrigação de tomar armas, quando em caso de perigo fossem convocados pelo Governo;

6) Recrutamento obrigatório para as crianças;

7) O governo ficava obrigado ao pagamento dos honorários de médicos e padres, durante ano e meio. Outros colonos, geralmente os protestantes, não aceitaram essas condições e preferiram adquirir terras para cultivá-las logo que se apresentasse a oportunidade.

O diretor da colônia foi o Dr. Justiniano de Melo Franco e a colônia foi estabelecida em terras de Joaquim Machado, como pode se constatar neste trecho do artigo "O Físico-Mor Justiniano de Melo Franco (Notas para uma biografia)" de Duílio Crispim Farina (Revista do Instituto Histórico e Geográfico de S. Paulo, Volume LXXVIII São Paulo 1982, p. 86).

> O Dr. Jorge Tibiriçá, então Secretário dos Negócios da Agricultura, Comércio e Obras Públicas em seu Relatório apresentado ao presidente do Estado em 4 de abril de 1893, sob o título "Colonização Oficial em São Paulo, de 1827 a 1892", assim se exprime:
> "a vista dos receios de Melo Franco de embrenhar colonos europeus em sertão desconhecido, resolveu o Conselho do Governo da Província, comprar dois cultivados a Joaquim Machado, com a quantia correspondente a 8ª parte do subsidio dos colonos que requeressem para ai ser fundada, provisoriamente, a colônia ficando assim abandonada a ideia de fixá-los no sertão do Quilombo entre Itapecerica e Cotia - Em 29 de junho de 1829, receberam lotes 91 famílias das que concorreram para a compra dos cultivados e daí data a fundação da colônia de Santo Amaro, hoje próspera vila nos subúrbios desta capital".

Cabe destacar que já em 1828 o total de imigrantes alemães naquela província estava em torno de 900 indivíduos, pois outras levas chegaram posteriormente àqueles que viajaram na galera Maria.

Sobre a leva de imigrantes que foi para Santo Amaro, é interessante citar que, além dos colonos, estavam presentes outros profissionais, como se percebe na seguinte citação (Fonte: Wikipédia, disponível em <https://pt.wikipedia.org/wiki/Imigra%C3%A7%C3%A3o_alem%C3%A3_em_S%C3%A3o_Paulo>, acesso em 13/09/2022).

> Entre 1827 e 1829, eram quase mil colonos, além de alguns técnicos industriais, comerciantes, professores, sacerdotes, pastores e médicos, reunidos no prédio do Departamento de Imigração (na Silva Jardim, perto do Mercado em Santos), antes de seguirem para as fazendas de Santo Amaro.

6.3 LOCALIZAÇÃO DA COLÔNIA

Sobre a localização da colônia Santo Amaro, a autora Siriani[129] nos informa

> Após inúmeros debates entre os políticos da Província, ficou estabelecido que as terras devolutas do **sertão de Santo Amaro** seriam o local ideal para o assentamento do núcleo, devido à sua proximidade com a cidade e a suposta facilidade de comunicação com o litoral (grifo nosso).

O termo de "sertão" refere-se à zona rural da (na época) freguesia de Santo Amaro.[129]

É interessante citar que, assim como ocorreu na Colônia Santa Amélia em Recife/PE, o local inicialmente destinado para a colônia em São Paulo, era um quilombo recentemente desfeito, conforme cita Zenha (p. 60)

> Assim, depois de se pensar em Juquiá, São Vicente e Itanhaen, destinou-se para a instalação da colônia a região do **Quilombo**, localizada além de **Itapecerica**, em sertão inóspito, mas, segundo parecia, indicada para a intercomunicação com os centros do litoral sul e, provavelmente, com vilas do interior da Província.
> Para chegar-se ao Quilombo,- o ajuntamento de negros que dera nome ao lugar, há pouco havia sido desfeito, era preciso abrir uma estrada, de extensão considerável, como se irá ver, a qual, saindo de Itapecerica, vencesse tôda a região montanhosa onde se formam as cabeceiras do **rio São Lourenço**. Grifo nosso.

Conforme Zenha, para chegar-se ao quilombo foi necessário construir uma estrada, a qual foi iniciada em 09 de abril de 1828, com a presença de duzentos e trinta e oito alemães, com o comando do Dr. Justiniano de Melo Franco.

Ainda conforme Zenha (p. 68 a 72) relata, começaram os desentendimentos quanto às terras a serem entregues aos alemães em Itapecerica, seja pela má qualidade, seja pela oposição por parte dos brasileiros donos das mesmas.

Em 12 de dezembro de 1828 constam 82 nomes de alemães que estavam em Itapecerica (placa comemorativa).

Como as terras destinadas inicialmente aos imigrantes não agradaram parte dos colonos e no final de 1828 ofereceu-se a possibilidade da colônia situar-se em Santo Amaro, embora alguns colonos já tivessem adquirido terras em Itapecerica (oito famílias, segundo Zenha – p. 76).

Uma grande parte dos colonos se dirigiu a Santo Amaro seguindo o Dr. Justiniano de Melo Franco.

No dia 28 de dezembro o diretor informa que os colonos foram ver as terras em Santo Amaro e as aceitavam (embora o documento tenha sido assinado pelos colonos em 12 de novembro de 1828). Estas terras em Santo Amaro ficavam a 2 léguas e meia da cidade de São Paulo (+/- 15 km).

Para a medição dos lotes foi escolhido inicialmente o colono (Zenha) **Heinrich Dröge** (Itapecerica), passageiro da Sumaca Delfina (Zenha) e possivelmente do transatlântico Fortune 2ª viagem, o qual pediu afastamento do cargo, sendo substituído por **Johann Theophil Schmidt** (Santo Amaro), n. 1800, evangélico, prussiano, que viajou no navio Creole 4ª viagem.

Segundo Zenha, este último agrimensor causou problemas com o administrador da colônia, pois incitava os colonos a exigirem melhores terras e condições de vida. Foi afastado do cargo antes de terminar o serviço e se dirigir ao Rio de janeiro com uma comissão de colonos para fazer novas reivindicações junto à corte.

Como a autora Siriani cita, na lista de alemães que concordaram com o assentamento no núcleo de Santo amaro constava 129 nomes e ocorreu na data de 12 de novembro de 1828 (DAESP – Siriani p. 82), como citado acima. Zenha questiona se realmente os colonos examinaram os terrenos pois muitos abandonaram a região pela infertilidade das terras (Zenha p. 28). Siriani cita que 94 famílias foram contempladas com o sorteio de terrenos a 29 de junho de 1829. Sobre estes terrenos, o artigo da DW "Alemães em São Paulo" (disponível em https://www.dw.com/pt-br/primeiros-alem%C3%A3es-em-sp-esperaram-mais-de-um-ano-por-terras-prometidas/a-4440092, acessado em 27/10/2022) afirma que "94 famílias receberam lotes na região de Colônia, em Parelheiros, no então município de Santo Amaro, 40 quilômetros ao sul do centro da capital paulista".

Siriani cita que a maioria dos colonos em ICA era de religião protestante e acabaram adquirindo terras naquele local e não em SAM onde a maioria era católica (na verdade os protestantes se realocaram para ICA). A autora cita que Tschudi relata esta situação ao efetuar sua passagem pela região (p.83).

Dos relatos acima se pode inferir que os imigrantes que chegaram no veleiro Maria, e alguns de navios posteriores, se dividiram entre Itapecerica e Santo Amaro.

Com isso, na realidade, a colônia de Santo Amaro se dividiu em dois núcleos conforme a citação a seguir "... e, na Província de São Paulo, os núcleos de Santo Amaro e Itapecerica fundados em 1827 e oficializados em 1829...." (Siriani em "Os descaminhos da Imigração alemã para São Paulo no século XIX – aspectos políticos", 2005).

No mapa a seguir vemos a localização da colônia de Santo Amaro, onde destaca-se a própria Santo Amaro, Itapecerica e Parrelheiros.

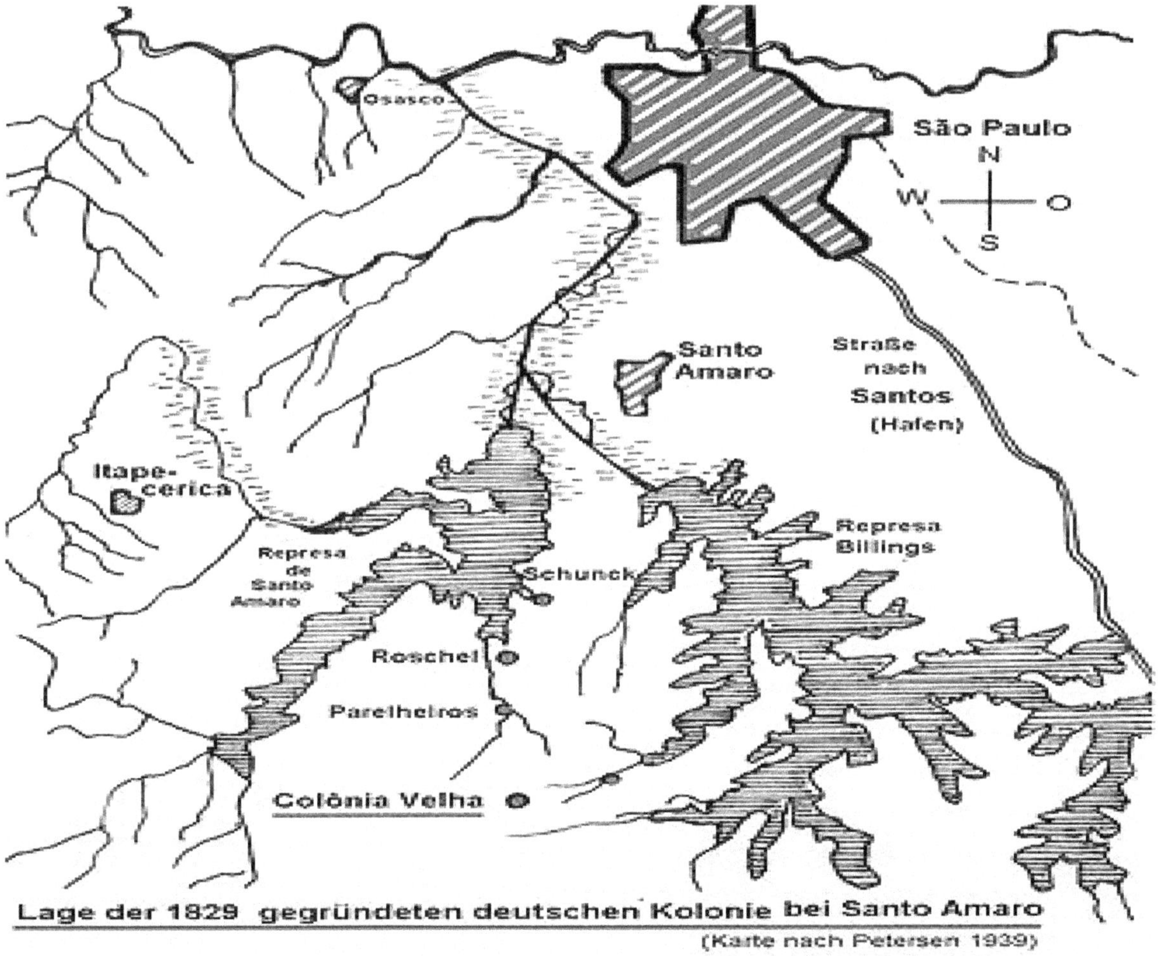

Figura 6.1. Mapa da região de Santo Amaro em São Paulo. Fonte: "Site Imigração germânica no estado de São Paulo" de Fernando C. Gomes Venzel (Disponível em: <https://gomessilva2.wixsite.com/imigracaoalemasp/sobre-1-c10fr>, acessado em 28/08/2022)

Em Parrelheiros encontra-se o primeiro cemitério particular e protestante de São Paulo (a colônia alemã de Parelheiros – chamada de Colônia Paulista ou Colônia Velha - seria composta por imigrantes luteranos, quase todos de leva de imigrantes posteriores ao navio Maria, sendo os Klein, Reimberg, Guilger, Roschel, Gerstenberger, Stapf e Schunck algumas das famílias que a fundaram (Wikipédia).

As terras cedidas aos colonos no antigo município de Santo Amaro ficavam no extremo sul da cidade de São Paulo (hoje seria a região de Parelheiros), e algumas partes delas eram dominadas por brejos (Zenha, p. 102). Devido a isso alguns colonos partiram em busca de regiões mais férteis para o cultivo (a maioria destes no interior de São Paulo). Promessas não cumpridas pelo governo também contribuíram para a saída de alguns colonos e o não progresso da colônia (Zenha, p. 103). Todavia boa parte dos colonos fundadores permaneceu na colônia original e alguns outros entraram na colônia nos anos subsequentes.

6.4 FUNDADORES

Baseado nos dados de Zenha, em documentos da época do Arquivo do Estado de São Paulo, na placa comemorativa dos primeiros colonos de Itapecerica, mais dados dos navios de chegada de imigrantes do livro de autoria de Fey (Imigração Alemã no Brasil: Navios e Passageiros Anos 1824 a 1830 5ª Ed – vide Apêndice), elaboramos a seguinte lista dos fundadores das colônias de Santo Amaro e Itapecerica (ordem alfabética do sobrenome), informando o navio em que viajaram:

6.4.1 Santo Amaro

Constam na relação de colonos em Santo Amaro do Arquivo de São Paulo e no Anexo I do artigo de Zenha.

N.º Reg.	Sobrenome, nome (chefe da Família)	Qtde de Pessoas	Navio
1.	**ANTHONI**, Adam (filho)	01	Alexander
2.	**ANTHONI**, Philipp (Anton/Anthony)	06	Alexander
3.	**ABLAS**, Carl(Aplas)	02	desconhecido
4.	**BAKLES**, Friedrich (Bakler)	03	desconhecido
5.	**BALTEN**, (Johann) Peter (pai)	05	Maria
6.	**BARTEN**, Johann Peter (Balten/Barth/Baré)	02	Maria
7.	**BERLING**, Peter	02	Creole 4a
8.	**BURG**, Margaretha (vva)	01	Charlotte & Louise
9.	**CHRIST**, Peter (Krist)	07	Maria
10.	**CHRIST**, Andreas (Krist)	03	Maria
11.	**CHRIST**, Franz (Krist)	03	Maria
12.	**CONRADS**, Johann Jacob	04	Maria
13.	**CORBACH**, Johann Peter (Korbach)	06	Maria

14.	**DAUN**, Heinrich	(Dauen)	03	Charlotte & Louise
15.	**DONSBACH**, Johann	(Donsbak)	02	Maria
16.	**DONSBACH**, Michael	(Donsbak)	03	Maria
17.	**ENGEL**, Conrad		05	Johanna Jacoba
18.	**ENRICH**, Jacob (enteado Adam Kuhn)		01	Charlotte & Louise
19.	**ENRICH**, Peter (agregado Adam Kuhn)		01	Charlotte & Louise
20.	**FABER**, Nicolao		03	Charlotte & Louise
21.	**FHOLL**, Mathias	(Tholl/Toll)	01	desconhecido
22.	**FOLLMAN**, Peter (Folkman)		02	Creole 4a
23.	**FRANCKEN**, Friederich		09	Alexander
24.	**FREILLER**, Valentin		02	Alexander
25.	**GROSKLOS**, Jacob	(Garklos)	01	Alexander
26.	**GILCHER**, Johann		03	Alexander
27.	**HAESSEL**, Peter	(Hessel)	05	Alexander
28.	**HANNICKEL**, Wilhelm	(Hanickel)	07	Alexander
29.	**JONAS**, Johann Mathias		04	Charlotte & Louise
30.	**JOSTEN**, Mathias (Justin)		06	Charlotte & Louise
31.	**KONSDORFF**, Johann		04	Creole 4a
32.	**KRELING**, Peter (enteado do J. M. Jonas)		01	Charlotte & Louise
33.	**KRELING**, Elisabeth (entea. do J. M. Jonas)		01	Charlotte & Louise
34.	**KUHN**, Adam		02	Charlotte & Louise
35.	**LAAS**, Joseph		03	Charlotte & Louise
36.	**LANGE**, Friedrich		04	Alexander
37.	**LEISCH**, Johann	(Lisech)	02	desconhecido
38.	**MÜLLER**, Nicolaus	(Miler)	05	Alexander
39.	**PAPST**, Adam	(Pabest/Pabert)	04	Alexander
40.	**PASCHOAL**, (Johann) Joseph	(Pascoal)	02	desconhecido
41.	**PAULMANN**, Christoph		03	desconhecido
42.	**PETTERS**, Christian		02	Creole 4a
43.	**PORM**, Johann		03	desconhecido
44.	**RAY**, Jacob	(enteado Isabel Wolter)	03	Alexander
45.	**RHEIMBERGER**, Adam	(Reimberg)	02	Alexander
46.	**REIMBERG**, Friedrich (enteado Schaeffer)		01	Alexander
47.	**REIMBERG**, Peter	(enteado Schaeffer)	01	Alexander
48.	**ROOPEN**, Johann	(Roosen?)	04	Creole 4a
49.	**SANGER**, Johann Joseph		08	Johanna Jacoba
50.	**SANSEL**, Daniel	(Samsel)	07	Alexander
51.	**Xxxx**, Peter (sobren. ilegivel)		02	desconhecido
52.	**SCHWINDT**, Peter	(Schevint, Schwint)	03	Charlotte & Louise
53.	**SCHAEFFER**, Phillip	(Schieffer/Schitter)	02	Alexander
54.	**SCHMIDT**, Mathias Joseph	(Schmits)	03	Charlotte & Louise
55.	**SCHOLL**, Johann		05	Maria
56.	**SCHOTTLER**, Johann	(Schotteler)	02	Creole 4a
57.	**SCHUSTTLER**, Johann	(Schusttler)	02	Creole 4a

58.	**SCHUNCK**, Heinrich	05	Alexander
59.	**STEPHENS**, Cornelio (Steffens)	02	desconhecido
60.	**TILL**, Mathias (agregado Faber)	10	Charlotte & Louise
61.	**WALTHER**, Jacob (Walther)	07	Alexander
62.	**WALTHER**, Marcus	05	Alexander
63.	**WEBER**, Johann (junior)	03	Creole 4a
64.	**WEBER**, Johann Peter (senior)	03	Creole 4a
65.	**WEINMANN**, Jacob (Weimann)	05	Alexander
66.	**WELLING**, Mathias	05	Johanna Jacoba
67.	**WIKETIN**, Margaretha (Wiekert)	01	Maria
68.	**WILHEMS**, Ludwig (Willems)	04	Creole 4a

6.4.2 Itapecerica

Constam na relação de colonos de Itapecerica do Arquivo de São Paulo, na placa comemorativa dos cem anos da imigração alemã em Itapecerica e no documento dos lotes distribuídos com valores do Arquivo do Estado de São Paulo.

N.º Reg.	**Sobrenome, nome (chefe da Família)**	**Qtde de Pessoas**	**Navio**
1.	**ANTON** Philipp (Anthoni)	09	Alexander
2.	**BACHES,** Nicolaus (Backs)	08	Alexander
3.	**BARTHEN**, Johann Peter (Barth)	07	Maria
4.	**BAUER**, Margarida (viúva)	05	Alexander
5.	**BAUERMANN**, Cristoph (Baumann)	04	Union
6.	**BAUERMANN**, Michael	03	Union
7.	**BERGT,** Augusto (Bethe/Beete)	01	Creole 3a
8.	**CIRSCH,** Cristovão (Kirsch/Kerst	04	Union
9.	**CONRAD**, Johann (Conradt) vva Suzana?	03	Maria
10.	**CONRAD**, Johann Jacob	04	Maria
11.	**DIDERICHS**, Georg (Diederich?/Dietrich)	09	Union
12.	**DONSBACH**, Johann	04	Union
13.	**DONSBACH**, Michael (Dornsbach)	02	Maria
14.	**EMMIL**, Georg (Emmel)	02	Creole 3a
15.	**FICKINGER**, Matias? (Fikinger)	02	Maria
16.	**FISCHER**, Heinrich (Fixer)	02	Alexander
17.	**FRANK**, Friederich (Franck/Franke)	09	Alexander
18.	**FRANKE**, Mathias (Franken/Franck/Frank)	07	Union
19.	**GLASSER**, Nicolaus (Glaser)	07	Alexander
20.	**GOTTFRIED** ,Cristian	07	Alexander
21.	**GRIMM**, Jacob (Grim/Crimm)	05	Union
22.	**GUERS**, Friedrich (Geser/Gever/GehrsGevis)	??	desconhecido
23.	**HACK**, Franz	04	Maria

24.	**HANNICKEL**, Wilhelm	(Heinikel/Heinickel)	08	Alexander
25.	**HEIDRICH**, Jacob	(Hefverich/Heildrichs)	??	desconhecido
26.	**HELFENSTEIN**, Friedrich	(Helfenstein/Help.)	02	Maria
27.	**HAESSEL**, Friedrich		04	Alexander
28.	**HAESSEL**, Peter		01	Alexander
29.	**HOHN**, Philippe	(Peter?)	05?	Maria?
30.	**HOFF**, Johann	(Hüff/Hoy/Huck)	02	Charlotte & Louise
31.	**INGLE (SGTE?)**, Peter Joseph		02	desconhecido
32.	**JACOBI**, Maria Margaretha	(vva J. Peter)	08	Maria
33.	**JACOBS**, Phillips		05	Maria
34.	**KASPERS**, Andreas	(Kasper/Gaspar)	05	Maria
35.	**KARBACH**, Johann Peter	(Korbach)	08	Maria
36.	**KERES**, Mathias	(Kern)	02	Fortuna 2a
37.	**KIRSCH**, Cristoph	(Kerst)	05	Union
38.	**KIRSCHNER**, David		05	Fortuna 2a
39.	**KLEIN**, Adam		06	Alexander
40.	**KLEIN**, Nicolaus		08	Alexander
41.	**KLEIN**, Simon		08	Maria
42.	**KNEBEL**, Nikolaus	(Knöbel/Knobel)	06	Maria
43.	**KORBACH**, Quirim		01	Maria
44.	**KRÄMMER**, Phillipp	(Krammer)	05	Maria
45.	**KRIST**, Andreas		02	Maria
46.	**KRIST**, Franz		02	Maria
47.	**KRIST**, Peter	(Christ/Krirch/Krist)	06	Maria
48.	**KUNZ**, Johann Peter	(Kuntz)	05	Maria
49.	**KUNTZ**, Peter	(Kuhn)	03	Maria
50.	**KUNZ**, Jacob		01	Alexander
51.	**LANGE**, Friedrich		03	Alexander
52.	**MARTINI**, Nicolau	(Johann Micolau?)	05	Maria
53.	**MERTENS**, Jacob	(Merdes/(Meredes)	06	Maria
54.	**MEINERTS**, Johann	(Meiners/(Meinertz)	05	Maria
55.	**MOOR,** Christoph	(Moar)	03	Union
56.	**MOOR,** Hermann (fo)	(Mohr)	01	Union
57.	**MOOR,** Maria Catarina (vva)	Peter Mohr	06	Union
58.	**MOMBERG,** Johann	Monberger	05	Creole 3a
59.	**MÜLLER,** Nicolau	(Muhrer/Muleler)	06	Alexander
60.	**MÜNK**, Carlos	(Munck)	06	Union
61.	**NAHRGANG**, Martin	(Nargan/Nargang)	05	Creole 3a
62.	**NINOVE**, Carlos	(Nivone/Ninone)	05	Maria
63.	**OCHS**, Georg?	(Nochs ou Gochs)	02	Maria
64.	**OCHS**, Heinrich Peter		04	Maria
65.	**PALM**, Gottfried		08	Maria
66.	**POERSCH**, Georg	(Puersch/Perch)	09	Maria
67.	**PLENTZ**, Henrique (Joseph)	(Anna Schuwartz)	02	Fortuna 2a

68. **PABST**, Adam (Poabst) 02 Alexander
69. **PLUNIER**, Mathias (Plunien/Plunica 06 Charlotte & Louise
70. **REY,** Jacob (Hay ou Ray) 01 Alexander
71. **RIPPEL**, Matias (Ruppel) 04 Maria
72. **ROCHENBACH**, Michael (Rokenb./Rosk.) 10 Maria
73. **ROCHENBACH**, Michael Jr (Rockenbach) 01 Maria
74. **ROOS**, Ludwig (Ross) 04 Maria
75. **SCHAEFFER**, Philipp (Scheäfer) 02 Alexander
76. **SCHACK**, Peter (Scheck/Scaek) 03? Fortuna 2a
77. **SCHMIDT**, Johann (Schmith/Schimidt) 01 Maria
78. **STUDER**, Ana Maria (vva Schneider) 08 Maria
79. **SCHOLL**, Johann (Schöll/Schols) 04 Maria
80. **SCHWARTZ**, Johann 07 Reward
81. **SCHWENCK**, Johannes (Schawehk) 06 Alexander
82. **SCHUCK**, Peter (Schack?) 04 Alexander
83. **SCHUMACKER**, Peter (Schumacher) 05 Alexander
84. **SCHUNCK**, Heinrich (Schunk) 02 Alexander
85. **SELLIG**, Peter (Selling) 04 Maria
86. **SELLIG**, Jacob II (Seling) 04 Maria
87. **SELLIG** , Jacob (viúvo, 4 entea. Jacoby) 08 Maria
88. **SHUBART(H)**, Wilhelm (J.W.Chwarz/Schuva) 02 desconhecido
89. **STACHLER**, Jacob (Stagler,Stachel) 04 Fortuna 2a
90. **STEFFENS**, Johann 05 Maria
91. **STEINSHORN**, Peter (Stunhor?) 03 Maria
92. **STIPP**, Nicolau (Stepp) 05 Maria
93. **STOFFEL**, Anton (filho) 02 Maria
94. **STÖFFEL**, Johannes 05 Alexander
95. **STOFFEL**, Philipp (pai-vvo) (Stoffle) 03 Maria
96. **STOCK**, (Hubertus) Heinrich (Stok) <=1825 02 Germânia
97. **STRASBURGER**, Heinrich (Strass-Burger) 05 Maria
98. **THEISSEN**, (Theobald) Joh. Peter (Teisen) 06 Maria
99. **THEOBALD**, Friedrich 06 Alexander
100. **TOLL**, Peter (Johann Peter Doll) 02 Charlotte & Louise
101. **ULRICH**, Theobald (Ulbricht/Ullrich) 06 Alexander
102. **WALTHER**, Marcus (Wahtter - Izabel viúva) 08 Alexander
103. **WALTHER**, Jacob (Wolter/Waltther) 08 Alexander
104. **WEIFSENCE**, Jacob (Weissen./Weisensee) 03 Creole 3a
105. **WEINMANN**, Jacob (Weism./Weishmann) 07 Alexander
106. **WEINREICH**, Philippe (Weinreich) 06 Alexander
107. **WEISSHAUPT**, Sebastian (vvo) 03 Maria
108. **WURTZ**, Frederico (Heinrich Wurtz?) 04 Creole 3a
109. **XXXX**, Ana Maria (fas. Margaretha e Sofia) 03 desconhecido
110. **ZWEIBRÜCKER**, Jacob (Zweibrüken) 05 Maria

Observações gerais:

1) Não foi possível determinar a data exata da chegada dos imigrantes à colônia.
2) Alguns imigrantes aparecem em duas relações de colonos (em Santo Amaro e em Itapecerica).
3) Para maiores detalhes para os navios dos imigrantes citados consulte o seguinte link do livro geral sobre a imigração alemã no Brasil no período de 1824 a 1830.
4) De alguns imigrantes citados não se conseguiu descobrir em que navio vieram e nem a data da chegada (em destaque na cor amarela).
5) Não ficou claro como ocorreu a divisão dos imigrantes nas duas colônias (ICA e SAM).

6.5 EVOLUÇÃO DA COLÔNIA – DATAS E CAUSAS

Por várias razões os colonos de Santo Amaro foram se dispersando por diferentes regiões da Província de São Paulo.

A má qualidade da terra da colônia é uma dessas razões. Zenha cita que logo após a criação da colônia havia 62 famílias com 229 indivíduos e que dez anos depois restavam 159 colonos alemães.

Outra razão é que muitos dos imigrantes na realidade eram artesãos, os quais procuraram centros urbanos maiores para exercer suas profissões. Sobre isso a autora Siriani[129] (p. 274) nos reporta a ida dos imigrantes alemães para a capital São Paulo

> Proliferaram na capital carpinteiros, ferreiros, serralheiros, sapateiros, alfaiates, confeiteiros, enfim, uma gama gigantesca de artigos fabricados artesanalmente e que possibilitavam aos paulistanos inúmeras possibilidades de escolha e novos padrões de consumo.

Segundo Zenha, em 1837 a colônia de Santo Amaro era o único produtor de batatas na província, sendo que de 1850 em diante era considerada o celeiro da capital.

Entretanto o declínio da colônia aconteceu. Em 1847 o número de famílias em Santo Amaro reduziu para nove. Em 1850 havia algumas famílias que tinham comprado terras em Itapecerica e apenas cinco famílias em Santo Amaro (Zenha, p. 103-104).

A autora Ribeiro destaca que muitos dos pioneiros da colônia de Santo Amaro se mudaram para a capital, São Paulo, e também para o interior paulista, em busca de melhores terras para a plantação.

Embora o declínio da colônia, é inegável a participação dos imigrantes alemães no desenvolvimento da capital São Paulo e arredores, conforme cita a autora Siriani (p. 275).

> A comunidade alemã foi se consolidando na Capital e seus arrabaldes de modo a se imiscuir na vida produtiva, social e cultural, numa tessitura de relações que refletiu direta e positivamente nas transformações pelas quais a capital passou, no decorrer do século XIX, até transformar-se na tão celebrada Metrópole do Café.
> Com seu estorço laborioso, milhares de estrangeiros deixaram sua marca na cidade por meio de estabelecimentos comerciais, obras públicas, instituições de ensino, recreativas, entre outras. O legado dos alemães para a Capital foi de inegável importância, sobrepujando, até mesmo, o esquecimento imposto pela supremacia de outros grupos estrangeiros numericamente mais significativos e que os sucederam a partir do período republicano.

Fim do capítulo 6.

CONCLUSÃO DO LIVRO

Chegamos ao final de deste livro.

A nossa intenção nesta obra foi realizar uma abordagem inicial à viagem do navio Maria, que trouxe imigrantes alemães para o Brasil, especialmente para o atual estado de São Paulo (colônia Santo Amaro e colônia Itapecerica), no ano de 1827, e organizar a lista de passageiros mais completa possível, tendo em vista as fontes atualmente disponíveis.

Foi também nosso propósito esclarecer um pouco mais sobre a vinda dos pioneiros da imigração Alemã no estado de São Paulo, no ano de 1827.

A nosso ver esta leva de imigrantes caracteriza bem as dificuldades encontradas pelos colonos para se estabelecerem em nosso país.

Enfrentavam viagens perigosas e demoradas, tanto na viagem em sua terra local até o porto de partida como dali até o Brasil.

Além disso, ao chegarem ao país, novas adversidades eram postas aos imigrantes. Uma delas, que praticamente todas as levas sofreram, foi a demora na entrega da terra para o cultivo e sua subsistência. Só com muita persistência e coragem conseguiram vencer todos estes obstáculos e finalmente encontrar a felicidade em solo brasileiro.

Este trabalho sobre o navio Maria traz novos esclarecimentos que podem guiar os futuros historiadores a um maior aprofundamento sobre estas famílias de imigrantes, tanto as que permaneceram em Santo Amaro e Itapecerica como as que posteriormente migraram para os locais do interior da província de São Paulo ou até mesmo para a capital São Paulo.

Para pesquisar sobre outros navios veleiros do primeiro período da Imigração Alemã no Brasil (de 1824 a 1830) sugerimos nosso livro **"Imigração Alemã no Brasil: Navios e Passageiros Anos 1824 a 1830 5ª ed."** e demais livros citados nas páginas a seguir (Apêndice).

Esperamos que o objetivo tenha sido alcançado.

Ademar Felipe Fey

REFERÊNCIAS BIBLIOGRÁFICAS

1. HUNSCHE, Carlos H. **O Biênio 1824-1825 da Imigração e Colonização Alemã no Rio Grande do Sul.** 2ª ed. Porto Alegre: A Nação, 1975.
2. HUNSCHE, Carlos H. **O ano 1826 da imigração alemã no Rio Grande do Sul.** Porto Alegre: Ed. Metrópole, 1977.
3. HUNSCHE, Carlos e ASTOLFI, Maria. **O Quadriênio 1827-1830 da Imigração e Colonização Alemã no Rio Grande do Sul.** Porto Alegre: Editora GxW, 2004.
4. GENEALOGIA DA FAMÍLIA SENA/SENNA. **Relação dos navios de 1824 a 1830.** Disponível em: <https://sites.google.com/site/genealogiadafamiliasenasenna/navios-viagens-passageiros>. Acesso em 05/01/2017.
5. WOLNEI KORB. **Relação de Navios de 1824 a 1830.** Disponível em: <http://www.geocities.ws/wolneikorb/genealogia/relacao_navios_1824_a_1830.html>. Acesso em: 26/05/2017.
6. PAROQUIA MARTIN LUTHER. **Imigração no RS e no Brasil.** Disponível em: <http://www.mluther.org.br/Imigracao/imigracao.htm>. Acesso em 15/05/2017>. Acesso em: 15/05/2017.
7. KUHN, Helmut. **Die Reise des Johann Adam Kuhn nach Brasilien.** Disponível em: <http://www.te-gen.de/index.php?id=857. Acesso em: 23/08/2017.
8. MOUSQUER, Zélce Darclé. **A partida.** Publicado em 6/3/2010. Disponível em: <http://familia-kruel.blogspot.com.br/2010/03/partida.html> Acesso em: 13/07/2017.
9. MULLER, Armindo L. **A Imigração Alemã no Brasil.** Disponível em: <http://www.franckalemao.com.br/?/lista/texto/49/A_ImigraAAo_AlemA_no_Brasil>. Acesso em: 22/08/2017.
10. MÜHLEN, Caroline von. **Sob o olhar dos viajantes: a colônia e o imigrante alemão no Rio Grande do Sul (século XIX).** 2010. In: MÉTIS: história & cultura – v. 9, n. 17, p. 11-25, jan./jun. 2010. UCS.
11. WWW.BRASILEALEMANHA.COM.BR. **Carta de 1832 resgata peripécias da imigração alemã Johann Friedrich.** Disponível em: <http://www.brasilalemanha.com.br/dados/carta-Johann-Friedrich.pdf>. Acesso em: 07/09/2017.
12. MÜHLEN, Caroline von. **"Viagem ao paraíso" – "Viagem ao inferno": A trajetória de *outsiders* de Mecklemburg-Schwerin no Rio Grande do Sul.** UNISINOS – PROSUP-Capes. Disponível em: <http://eeh2008.anpuh-rs.org.br/resources/content/anais/1212273696_ARQUIVO_ArtigoANPUH.pdf>. Acesso em: 07/09/2017.
13. OBERACKER Jr. Carlos H. **Jorge Antônio Von Schäffer: criador da primeira corrente emigratória alemã para o Brasil.** Porto Alegre: Editora Metrópole, 1975.
14. AMSTAD, Theodor (Padre). **Cem Anos de Germanidade no Rio Grande do Sul.** São Leopoldo: Ed. Unisinos, 1924.

15. BRENNER, José Antonio. **Imigração e colonização alemã – 190 anos.** 2014. Disponível em: <http://www.apusm.com.br/2014/08/imigracao-e-colonizacao-alema-190-anos-por-jose-antonio-brenner/>. Acesso em: 10/09/2017.
16. FAMÍLIA PFUFAL. **Família Pufal II Origem do Nome.** Disponível em: <http://pufal.blogspot.com.br/2011/02/familia-pufal-ii-origem-do-nome.html>. Acesso em: 29/08/2017.
17. ROSA, Gilson Justino da. **Imigrantes Alemães (1824-1853).**: Porto Alegre: EST Edições, 2005.
18. SIRIANI, Sílvia Cristina Lambert. **Uma São Paulo Alemã: a vida quotidiana dos imigrantes na região da capital.** São Paulo: Arquivo do Estado/Imprensa Oficial, 2003.
19. JORNAL DO COMÉRCIO. **Avisos de chegada e saída de navios.** Biblioteca Nacional. 2017.
20. ZENHA, Edmundo. **A colônia alemã de Santo Amaro - sua Instalação em 1829.** Separata da Revista do Arquivo, v. LXXXI. São Paulo: Arquivo Histórico, 1950.
21. BIBLIOTECA NACIONAL. **Documento arquivo nacional lista do Creole, Harmonie e Charlotte & Louise.** PDF.
22. ENCYCLOPEDIA OF AUSTRALIAN SHIPWRECKS. **Shipwrecks on the UK – Australia run.** Disponível em: <http://oceans1.customer.netspace.net.au/easw.html>. Acesso em: 08/10/1827.
23. FAMÍLIA BERBERT. **Navio Argus.** Disponível em: <http://guiberbert.wixsite.com/familiaberbert/navio-argus>. Acesso em: 07/09/2017.
24. MÜLLER, Armindo L. **OS COLONIZADORES ALEMÃES EM NOVA FRIBURGO.** Disponível em: <http://www.djoaovi.com.br/index.php?cmd=section:imigrantes_alemaes>. Acesso em: 07/09/2017.
25. SCHIERHOLT, José Alfredo. **Blog Abrindo o Baú.** Postagem de Orestes Malmann. Disponível em: <http://abrindobaudoschierholt.blogspot.com.br/2014/10/190-anos-da-imigracao-alema-no-rs-oito.html>. Acesso em: 11/09/2017.
26. MÜHLEN, Caroline Von. **Eram os Mecklemburguenses "ladrões de Cavalos"?: analise do perfil dos prisioneiros de Mecklemburg-Schwerin (1824-1826).** In Produzindo História a partir de fontes primárias. Arquivo Público Rio Grande do Sul. Pags. 39-60. Porto Alegre: 2009.
27. MÜHLEN, Caroline Von. **Da exclusão à inclusão social. Trajetórias de ex-prisioneiros de Mecklemburg-Schwerin no Rio Grande de São Pedro Oitocentista**. Disponível em: <http://www.repositorio.jesuita.org.br/bitstream/handle/UNISINOS/1878/Caroline MuhlenHistoria.pdf?sequence=1&isAllowed=y>. Acesso em: 03/02/2017.
28. LIENAU, J. F. von. **Representação de um destino no Brasil, e a experiência que tive do tratamento do Major Dr. Schäffer.** 1826. Google books. 2017.

29. GENEALOGIA.TATI.DICKSON.NOM.BR. **Navio Kranich.** Disponível em: <http://genealogia.tati.dickson.nom.br/showmedia.php?mediaID=262>. Acesso em: 14/10/2017.

30. HOTHUM, Frieder. **Die Wirrungen der missglückten Argentinien-Auswanderung der Familien Diefenbach und Knewitz im Jahre 1825 nach Brasilien.** Die Dorfschelle Nummer 31. Disponível em: <http://www.aspisheim.de/dorfschelle/31/auswanderung.html>. Acesso em: 24/09/2017.

31. SOUZA, José Antonio Soares de. **Os alemães do "Kumbang Patie".** Revista do Instituto Histórico e Geográfico Brasileiro. Volume 208 Abril-Junho de 1964 Pags. 3-30.

32. MELO, Josemir Camilo de. **Quilombos em Pernambuco, no século XIX: uma contribuição à história social.** Revista do APEJE. Ano 1 No. 1 abr/mai/jun 2016.

33. GERBOVIC, Tathiane. **Viajantes ingleses e norte-americanos nas terras paulistas (Século XIX).** Anais do XXVI Simpósio Nacional de História – ANPUH. São Paulo, julho 2011.

34. MELO, Josemir Camilo. **Escravos e moradores na transição para o trabalho assalariado em ferrovias em Pernambuco**. Seculum - Revista de História. João Pessoa, jul./ dez. 2011. Disponível em: <http://periodicos.ufpb.br/index.php/srh/article/viewFile/13996/7918>. Acesso em 03/11/2017.

35. HANDELMANN, Gottfried Heinrich. **O Brasil e a imigração – considerações finais da História do Brasil do alemão Handelmann (1827 – 1891).** Traduzido pelo Instituto Histórico e Geográfico Brasileiro. (IHGB) Publicado pelo MEC, primeiro lançamento em 1931. TOMO II. Disponível em: <http://www.consciencia.org/o-brasil-e-a-imigracao-consideracoes-finais-da-historia-do-brasil-do-alemao-handelmann>. Acesso em: 05112017.

36. TAULOIS, Antônio Eugênio. **O barão de LANGSDORFF e a sua tentativa de promover a imigração alemã na Fazenda da Mandioca.** Disponível em: <http://ihp.org.br/26072015/lib_ihp/docs/aeat20101000.htm>. Acesso em: 05112017.

37. JONES, Cleiton Melo. **"Vem aí a Imigração": expectativas, propostas e efetivações da imigração na Bahia (1816-1900).** Disponível em: <https://repositorio.ufba.br/ri/bitstream/ri/18537/1/JONES%2C%20CLEITON%20MELO.%20DISSERTA%C3%87%C3%83O..pdf>. Acesso em: 05112017.

38. PORTO, Aurélio. **O trabalho alemão no Rio Grande do Sul.** Porto Alegre: Est. Graf. STA. Terezinha, 1934.

39. LEMOS, Juvêncio Saldanha. **Os mercenários do Imperador**. 2ª Ed. Porto Alegre: Editora Letra e Vida, 2013.

40. TRESPACH, Rodrigo. **Lista de Passageiros do Der Kranich**. Disponível em: <http://www.rodrigotrespach.com/wp-content/uploads/2017/01/LISTA-DE-PASSAGEIROS-NO-DER-KRANICH.pdf>. Acesso em: 17/11/2017.

41. GUERRA, Rogerio F. **Os alemães no Brasil: expedições científicas, colonização e herança intelectual.** Universidade Federal de Santa Catarina. Revista de Ciências Humanas, Florianópolis, Volume 46, Número 1, p. 9-82, Abril de 2012.
42. BRENNER, José Antonio. **A saga dos Niederauer**. Santa Maria: UFSM, 1995.
43. SEIDLER, Carl. **Dez anos de Brasil.** Brasília: Senado Federal, Conselho Editorial, 2003.
44. BÖSCHE, Eduard Theodor. **Quadros Alternados.** São Paulo: Tipografia da Casa Garraux: 1929.
45. FAMÍLIA BERBERT. **Conrad Meyer descreveu as peripécias da viagem no Argus.** Disponível em: <http://familiaberbert.blogspot.com.br/search/label/A%20BORDO%20DO%20NAVIO%20ARGUS>. Acesso em: 17/09/2017.
46. BOHRER, Nelson Augusto. **Os Alemães Pioneiros de Nova Friburgo**. Disponível em: <http://emmerich-afe.org/wp-content/uploads/2012/07/Os_alemaes_pioneiros_Nova_Friburgo.pdf>. Acesso em: 09/01/2017.
47. JOURDAIN, David Emmerich. **A Saga dos Emmerich´s. A Viagem das famílias de Jonas Emmerich e Johann Heinrich Emmerich.** Julho de 2002. Disponível em: <http://emmerich-afe.org/wp-content/uploads/2012/07/Saga_dos_Emmerich-David_E_Jourdain-2002-rev.pdf>. Acesso em: 10/01/2018.
48. CUNHA, Maria Suzel Coutinho S. da. **Notas para Estudo da Presença Alemã em Nova Friburgo.** 1988. PMNF. Série 8 Vol. 1.
49. SCHUMACHER,Von P. **Beschreibung meiner Reise von Hamburg nach Brasilien im Juni 1824.** Disponível em: <http://www.genhist.org/ghs_schumacher.html>. Acesso em: 24/01/2018.
50. SCHLICHTHORST, Carlos. **Rio de Janeiro como ele é 1824-1826.** Brasília : Senado Federal, 2000.
51. MÜLLER, Elio Eugenio. **De Pés e a Ferros – Coleção Memórias da Figueira – Volume: I** – Elio Eugenio Muller -- Curitiba/PR. Bauru: Editora AVBL, 2009.
52. MANSFELDT, Julius (Ten.). **Meine Reise nach Brasilien im Jahr 1826 (Minha viagem ao Brasil no ano de 1826)**. (Tenente Mansfeldt, comandante de Transporte do Friedrich). 1828.
53. BIBLIOTECA NACIONAL. **Documentos de Entrada e Saída de Navios.** Hemeroteca Digital Brasileira. Disponível em: < http://memoria.bn.br/hdb/periodico.aspx>. Acesso: janeiro de 2017 a março de 2018.
54. ELY, Nilza Huyer. **Vale das Três Forquilhas veredas, vidas e costumes.** Porto Alegre: EST Edições, 1999.
55. HÜTTENBERGER, Friedrich. **Heimlich nach Brasilien (A forgotten Palatine emigration to Brazil).** Disponível em: <http://www.huettenberger.homepage.t-online.de/FR.htm>. Acesso em 15/05/2017.

56. JOCHEM, Toni Vidal. **São Pedro de Alcântara Primeira Colônia Alemã em Santa Catarina.** Disponível em: <http://www.tonijochem.com.br/col_saopedro.htm>. Acesso em 05/11/2017.
57. MARHISDATA (Stichting Maritiem-Historische Databank). **Johanna Jacoba**. Disponível em: <http://www.marhisdata.nl/main.php?to_page=zoek_kronieken>. Acesso em: 31/10/2017.
58. CARVALHO, Marcus Joaquim M. de. **O quilombo do Catucá em Pernambuco**. Caderno CRH, n. 15, p. 5-28, jul./dez., 1991. Disponível em: <https://portalseer.ufba.br/index.php/crh/article/view/18823/12193>. Acesso em: 07/06/2018.
59. DANTAS, Leonardo. **Zumbi dos Palmares e outras religiões negras de Pernambuco.** Disponível em: <http://www.raimundofloriano.com.br/views/Comentar_Post/zumbi-dos-palmares-e-outras-religioes-negras-de-pernambuco-76w2W9DstyaJBClYoklr>. Acesso em 07/06/2018.
60. VENZEL, Fernando César Gomes. **Imigração Alemã e Suíça no Estado de São Paulo: Relação de navios com destino ao Estado de São Paulo.** Disponível em: <http://gomessilva2.wixsite.com/imigracaoalemasp/lista-de-passageiros>. Acesso em 06/07/2018.
61. INSTITUTO MARTIUS-STADEN. **Relação de passageiros do Bergantim Paquete do Rio**. Acervo do Instituto Martius-Staden. Disponível em: <http://www.arquivo.martiusstaden.org.br/Index.asp>. Pesquisa on-line realizada em 06/07/2018.
62. INSTITUTO MARTIUS-STADEN. **Relação de passageiros da Galera Maria**. Acervo do Instituto Martius-Staden. Disponível em: <http://www.arquivo.martiusstaden.org.br/Index.asp>. Pesquisa on-line realizada em 09/07/2018.
63. INSTITUTO MARTIUS-STADEN. **Relação de passageiros da Sumaca Santa Delfina**. Acervo do Instituto Martius-Staden. Disponível em: <http://www.arquivo.martiusstaden.org.br/Index.asp>. Pesquisa on-line realizada em 06/07/2018.
64. JOCHEM, Toni Vidal; ALVES, Débora Bendocchi. **São Pedro de Alcântara - 170 anos depois... 1829 - Março – 1999.** São Pedro de Alcântara: Prefeitura Municipal, 1999.
65. ARBIGAUS, L.; LEÃO, E. A.; NEGRÃO, F. P. D.; PEREIRA, A. N.; AELDERT, C. L.; HAUER-JUNIOR, J.; ESTEVES, J. O.; TACLA, P.; GROFF, J. B. **Paraná – Santa Catarina: Centenário da Colonisação Allemã. Rio Negro-Mafra 1829-1929.** 1. ed. Curitiba: Empreza Editora Oliveiro, 1929.
66. TRACHSLER, Heinrich. **Reisen, schicksale und tragikomische abendteuer eines Schweizers während seines aufenthaltes in den verschiedenen provinzen Südamerikas, Rio de Janeiro, Ilha Santa Catharina, Armação, São Pedro do Sul, Rio Grande, Corrientes, Montevideo, Buenos-Aires, etc., in den jahren 1828 bis 1835, etc.** Publicado pelo autor. Zurique: 1839.

67. MÖRSDORF, Robert. **Die Auswanderung *aus dem Birkenfelder*Land**. Bonn: Ludwig Röhrscheid Verlag, 1939.
68. AULER, Guilherme. **Os Colonos Alemães da Cova da Onça**. Edição do dia 12/01/1958 do Jornal do Brasil. 1958.
69. IBGE. **Imigração alemã: formação de uma comunidade teuto-brasileira**. Disponível em: <https://brasil500anos.ibge.gov.br/en/territorio-brasileiro-e-povoamento/alemaes.html>. Acesso em: 10/09/2018.
70. CARMO, Alane Fraga. **Colonização e escravidão na Bahia: a Colônia Leopoldina, 1850-1888.** Dissertação de Mestrado. Alane Fraga do Carmo: Salvador, 2010.
71. CROFT, Lee B. **George Anton Schaeffer: Shipping Germans to Brazil**. Sphynx Publications. 2012.
72. LYRA, Henrique Jorge Buckingham. **Colonos e Colônias - Uma avaliação das experiências de colonização agrícola na Bahia na secunda metade do séc. XIX.** Dissertação de Mestrado. Henrique Jorge Buckingham Lyra: Salvador, 1982.
73. FORJAZ, Djalma. **Rio Negro - Centenário da Fundação da Florescente Cidade, em Territorio da Antiga Provincia de São Paulo – 26 de julho de 1828**. Correio Paulistano. Edições de 12 a 14/07/1928 (Midiateca da BN).
74. FENDRICH, Henrique Luiz. **A Família de Nicolau Becker: Rio Negro, Mafra e Itaiópolis**. – Curitiba: Edição do Autor, 2017.
75. FUGMANN, Wilhelm. **Os Alemães no Paraná. Livro do Centenário.** Pastor Wilhelm Fugmann. Traduzido em 2008.
76. TSCHUDI, Johann Jakob von. **Reisen durch Südamerika**. Volumes 3-4. F. A. Brockhaus, 1867.
77. KORNDÔRFER, Fernando J. **Mappa dos Allemães transportados na Galera Harmonie e que entrarão no Depósito Geral dos Recrutas**. Pesquisa na Biblioteca Nacional. 2007-2009. Disponível no grupo do Facebook Genealogia RS. Acesso em 30/10/2018.
78. INSTITUTO MARTIUS-STADEN. **Relação parcial de passageiros do Navio James Laing**. Acervo do Instituto Martius-Staden. Recebida em 24/11/2017.
79. DUNNINGTON, G. Waldo. **Carl Friedrich Gauss: Titan of Science**. New York: Hafner Publishing, 1955.
80. BENTO, Cláudio Moreira. **Estrangeiros e descendentes na história militar do Rio Grande do Sul – 1635 a 1870**. Porto Alegre: A Nação, Instituto Estadual do Livro, 1976.
81. DREHER, Martin Norberto. **Livros de Registros da Comunidade Evangélica de São Leopoldo (Sec. XIX).** 2ª ed. Tradução e edição do autor. Unisinos: São Leopoldo, 2004.
82. PETRY, Leopoldo. **São Leopoldo Berço da Colonização Alemã do Rio Grande do Sul**. 2ª ed. Rotermund: São Leopoldo, 1964.
83. FEY, Ademar Felipe. **Navio Cäcilia: Lenda & Realidade.** Caxias do Sul: Ademar Felipe Fey, 2019.

84. FEY, Ademar Felipe. **A saga dos Fey: a busca pela nova pátria.** Caxias do Sul: Ademar Felipe Fey, 2019.
85. ZINK, Albert. **Auswanderer aus dem Kreis Kusel**. In: Westrich-Kalender / hrsg. Vom Landkreis Kusel (Pfalz) - 1969 (1968), S. 49-52.
86. CORRÊA, Lucelinda Schramm. **Memória das Colônias Alemãs na Bahia no Século XIX**. Associação Nacional de História – ANPUH XXIV Simpósio nacional de história – 2007. Disponível em <https://anpuh.org.br/uploads/anais-simposios/pdf/2019-01/1548210414_cfa4e3167749988f82d48f58414b59ac.pdf>. Acesso em: 02/10/2019.
87. ANDRÄ, Helmut. **Deutsche Söldner in Brasilien.** Band I: Ins Land gekommen während des I. Kaiserrreiches in den Jahren 1824 bis 1829: Gemeine. São Paulo: KMK, 2000.
88. FLORES, Hilda Agnes Hübner. **Alemães na Guerra dos Farrapos.** 2 ed. Porto Alegre: EDIPUCRS, 2008.
89. TRESPACH, Rodrigo. **1824: como os alemães vieram parar no Brasil (...).** São Paulo, Leya, edição do Kindle, 2019.
90. SOUZA, José Antonio Soares. **Os Colonos de Schaeffer de Nova Friburgo.** Revista do Instituto Histórico e Geográfico, Nº 310. Jan/Fev 1976;. Rio de Janeiro.
91. MAHRENHOLTZ, von Hans. **Auswanderungen nach Brasilien in den Jahren 1823, 1824 und 1825.** Band 6. Nord-deutsche Familienkunde Oktober-Dezember 1963.
92. AULER, Guilherme. **Os Colonos de Santa Amélia (Pernambuco, 1829) e o Diretor João Bloem.** I Colóquio de Estudos Teuto-Brasileiros. P. 39-64. Porto Alegre: UFRGS, 1963.
93. SULLIVAN, Dr. Eileen. **A Irish mercenaries in 19th century Brazil.** D Eileen Sullivan - Director, the Irish Educational Association, Inc., Gainesville, FL. Disponível em: <http://gogobrazil.com/mercenaries.html>. Acesso em: <13/08/2017>.
94. BASTO, Fernando I. B. **Ex-combatentes irlandeses em Taperoá.** Rio de Janeiro: Vozes, 1971.
95. POZO, Gilmar de Paiva Santos. **Imigrantes Irlandeses no Rio de Janeiro: Cotidiano e revolta no primeiro reinado.** USP. Dissertação de Mestrado em História Social. São Paulo, 2010.
96. MATTOS, Antonio Jacinto de. **A colonisação do estado de Santa Catarina. Dados históricos e estatísticos (1640-1916).** Florianópolis: Gab. Tip. D´ <O Dia>, 1917.
97. PHILIPPI, Aderbal João. **São Pedro de Alcântara. A primeira colônia alemã de Santa Catarina.** Florianópolis, 1995.
98. BARRETO, Antonio Victor de Sá. **A colônia alemã Cova da Onça.** REV. DO INST. ARCH. E GEOG. PERN. Vol 10 – 1902. Recife, 1888.
99. PIET'S SCHEEPS INDEX. **Zoeken.** Relatórios. Disponível em <https://www.scheepsindex.nl/>. Acesso em: 28/04/2020.

100. MARHISDATA. **Zoeken**. Relatórios. Disponível em: <https://www.marhisdata.nl/gezagvoerder&id=11846> Acesso em: 01/05/2020.
101. SOUZA, José Antônio Soares. **Os colonos de Schaeffer em Nova Friburgo.** Revista do IHGB. Rio de Janeiro: 1976, vol. 310.
102. MÜLLER, Armindo L. **O começo do Protestantismo no Brasil.** Porto Alegre: EST Edições, 2003.
103. SOUZA, José Antônio Soares. **Ainda os colonos de Schaeffer em Nova Friburgo.** Revista do IHGB. Rio de Janeiro: 1980, vol. 329.
104. SOUZA, José Antônio Soares. **Os alemães do Kumbang latie.** Revista do IHGB. Rio de Janeiro: 1964, vol 263.
105. SPLIESGART, Roland. **Protestantes alemães em Minas Gerais e no Rio de Janeiro: a importância do modelo de aculturação para a história da imigração**. In: História: Debates e Tendências – v. 14, n. 1, jan./jun. 2014, p. 77-93.
106. SANGLARD, Gisele. **De Nova Friburgo a Fribourg através das letras: a colonização suíça vista pelos próprios imigrantes.** História, Ciências, Saúde — Manguinhos, vol. 10(1): 173-202, Jan.-Apr. 2003.
107. WIKIPÉDIA. **Nova Friburgo.** Disponível em: <https://pt.wikipedia.org/wiki/Nova_Friburgo>. Acesso em 06/07/2020.
108. GÖTTERT, Horst-Dieter. **Vom Moselland nach Brasilien Die Föhrener Familie Kreten-Götten**. Beckingen/Saar: 1999.
109. RICHTER, Klaus. **Hamburgs Rolle im Interessenkonflikt um die ersten Auswanderungen nach Brasilien.** In Zeitschrift des Vereins für Hamburgische Geschichte, Hamburg, 63, p. 87-126, 1977.
110. SCHILICHTHORST, Carl. **O Rio de janeiro Como É (1824-1826).** Tradução de Emmy Dodt e Gustavo Barroso. Brasília: Senado Federal, 2000.
111. FOUQUET, Birgit et al. **Famílias Brasileiras de Origem Germânica Volume VIII**. São Paulo: Instituto Martis-Staden, 2011.
112. BUCHHOLZ, Ursula. **Emigration Brasilien 1828**. Disponível em: < www.ursula-.com/Navigation/Emigration/Brazil/Emigration%20 Brasilien 1828.pdf<. acesso em 26/03/2021.
113. JOCHEM, Toni e SILVEIRA, Daniel (Orgs.). **1829: São Pedro de Alcântara: Páginas de sua história.** Santa Catarina: Casa da Cultura de São Pedro de Alcântara, 2020.
114. LANDESHAUPTARCHIV.DE. **Der 24. Februar 1859. Auswanderung nach Brasilien.** Disponível em: <https://www.landeshauptarchiv.de/service/landesgeschichte-im-archiv/blick-in-die-geschichte/archiv-nach-jahrgang/24021859/>. Acesso em: 19/01/2019.
115. TRAUT-BONATO, Monika. **Verlassene Heimat Mosel: Niemand geht freiwillig** (German Edition). Kamo1Verlag: 2016.
116. BOONSTRA, Onno. **'Die andere Heimat'. Palatine migrants to Brazil, 1827-1828**. In Paul Puschmann & Tim Riswick (Eds.), Building Bridges. Scholars, History and Historical Demography (2018). Disponível em: <https://www.researchgate.net/profile/Onno_Boonstra/publication/328730765_

%27Die_andere_Heimat%27_Palatine_migrants_to_Brazil_1827-1828/links/5bdec73e92851c6b27a5eb09/Die-andere-Heimat-Palatine-migrants-to-Brazil-1827-1828.pdf>. Acesso em 18/01/2019.

117. KALKMANN, Louis Friedrich. **Reisebriefe aus Brasilien, mit besonderer Rücksicht auf die Auswanderung.** Bremen, impresso por S. Schünemann, 1847.
118. MELO, Josemir Camilo de. **Quilombos em Pernambuco, no século XIX: uma contribuição à história social.** REVISTA DO APEJE. Recife: Arquivo Público Estadual Jordão Emerenciano, ano. 1, n. 1, 2016. 333p. il. Semestral.
119. **DEUTSCH ZEITUNG SP.** Nr 42 São Paulo, 14. April 1911 VI. Jahrg. Notícia na página 18 sobre colônia de alemães no Pernambuco.
120. EISENBERG, Peter L. **Falta de imigrantes: um aspecto do atraso nordestino**. Instituto de Filosofia e Ciências Humanas Universidade Estadual de Campinas. 1972.
121. WILLEMS, Emilio. **A Aculturação dos Alemães no Brasil**: Estudo antropológico dos imigrantes alemães e seus descendentes no Brasil. Cia Editora Nacional: São Paulo, 1946.
122. WIESER, Lothar; WIESER, Sandra Messeler-. **Neues Heimatland Brasilien**. Göttingen, 1993.
123. FREIRE, Gilberto. **Nordeste.** 1ª edição digital. São Paulo: Global, 2013.
124. MINISTÉRIO DA EDUCAÇÃO E SAÚDE. **Diário Íntimo do Engenheiro Vauthier (1840-1846).** Rio de janeiro. 1940.
125. FOUQUET, C. **O imigrante alemão e seus descendentes no Brasil 1808 - 1824 - 1874.** São Paulo: Instituto Hans Staden, 1974.
126. STEINER, Carlos Eduardo; LOYO, Dieter. **Origem das famílias pioneiras na colônia São Pedro de Alcântara.** In: JOCHEM, Toni; SILVEIRA, Daniel (Orgs.). **1829: São Pedro de Alcântara, páginas de sua história.** Santa Catarina: Casa de Cultura de São Pedro de Alcântara, 2020. p. 136-146. v. I.
127. BALDIN, Adriane de Freitas Acosta. **A presença alemã na construção da cidade de São Paulo entre 1820 a 1860**. Tese de Doutorado USP. São Paulo: USP, 2012.
128. MARHISDATA (Stichting Maritiem-Historische Databank). **Maria**. Disponível em: <http://www.marhisdata.nl/main.php?to_page=zoek_kronieken>. Acesso em: 20/03/2022.
129. SIRIANI, Silvia Cristina Lambert. **Uma São Paulo Alemã: Vida quotidiana dos imgrantes germânicos na região da capital (1827-1889).** Coleção Teses e Monografias vol. 6. São Paulo: Arquivo do Estado, Imprensa Oficial do Estado, 2003.
130. RIBEIRO, Evanice Maria. **A Política de Imigração no Primeiro Reinado: Os Núcleos Coloniais de Itapecerica e Santo Amaro.** SBD-FFLCH-USP. Dissertação de Mestrado. São Paulo: USP, 1997.
131. FEY, Ademar Felipe. **Imigração Alemã no Brasil: Navios e Passageiros Anos 1824 a 1830/** Ademar Felipe Fey. 5ª ed. Caxias do Sul: Ademar Felipe Fey, 2021.

ANEXOS

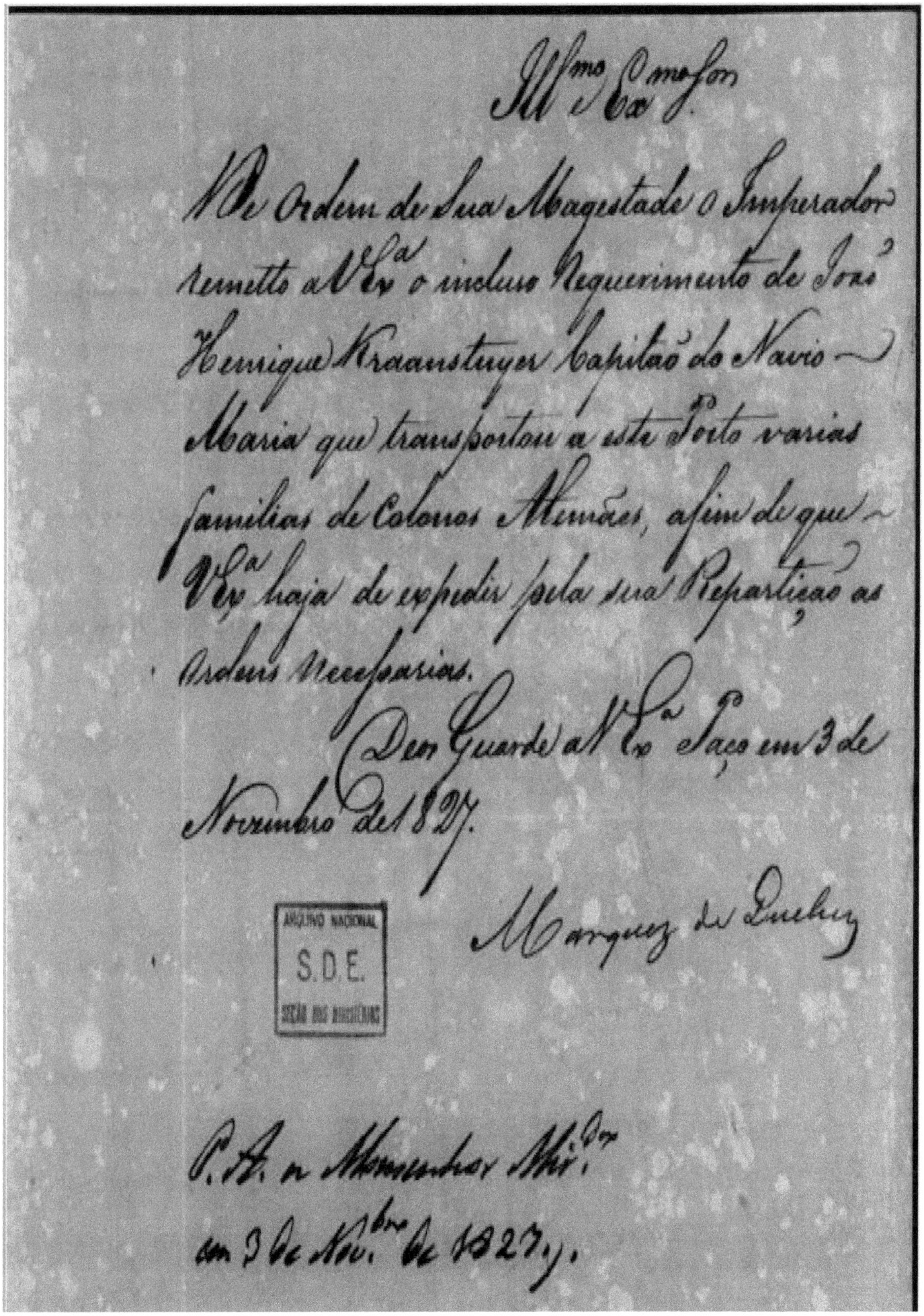

Ill.mo e Ex.mo Snr.

De Ordem de Sua Magestade o Imperador remetto a V. Ex.a o incluso Requerimento de João Henrique Kraanstuyer Capitão do Navio Maria que transportou a este Porto varias familias de Colonos Allemães, afim de que V. Ex.a haja de expedir pela sua Repartição as Ordens necessarias.

Deos Guarde a V. Ex.a Paço em 3 de Novembro de 1827.

Marquez de Queluz

P.A. o [illegible]
em 3 de Nov.bro de 1827.

Anexo 1 Pedido de aceite de requerimento do capitão do veleiro Maria ao Governo Imperial datado de 03/11/1827. Fonte: Biblioteca Nacional (BN).

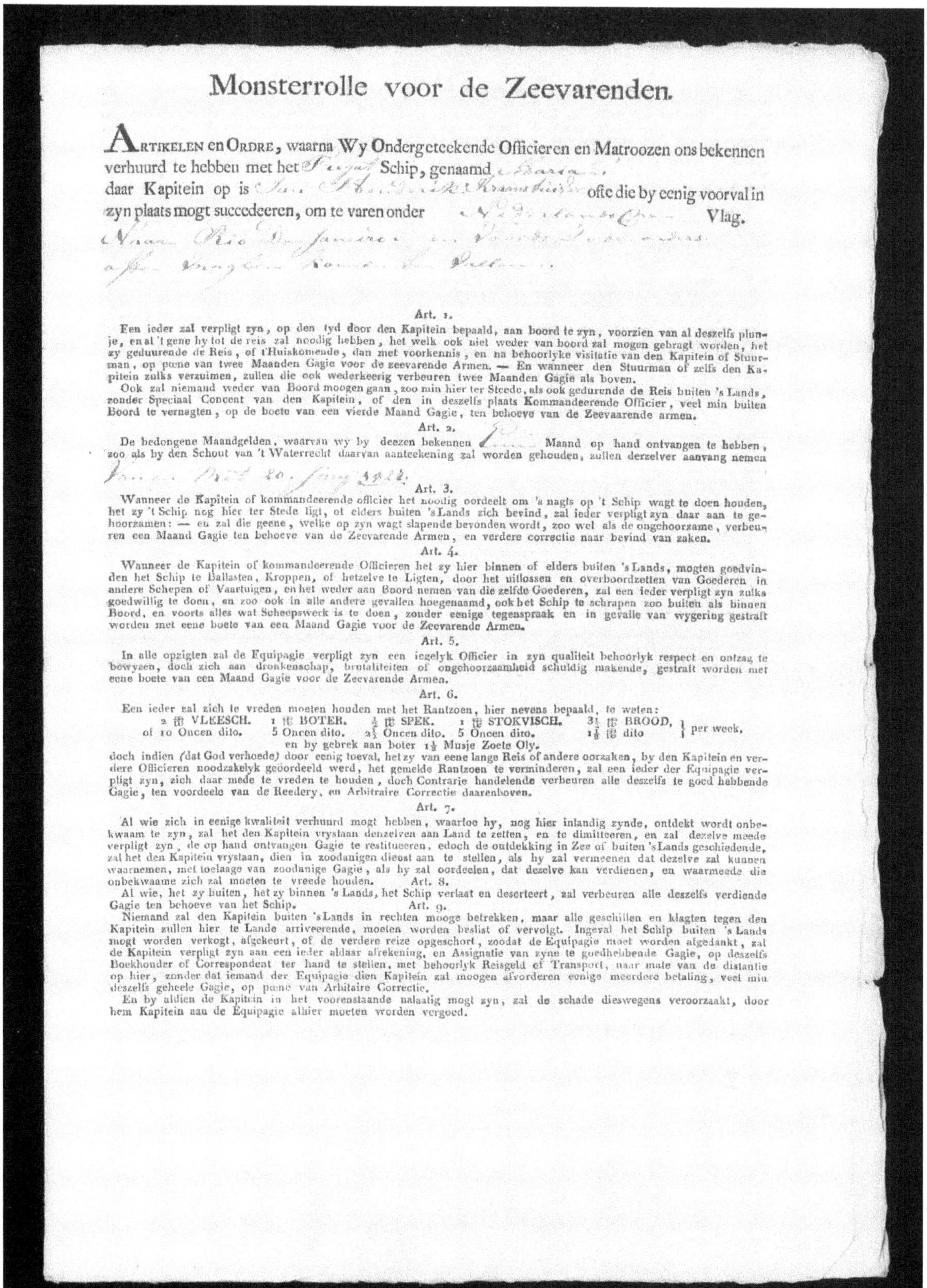

Monsterrolle voor de Zeevarenden.

ARTIKELEN en ORDRE, waarna Wy Ondergeteekende Officieren en Matroozen ons bekennen verhuurd te hebben met het [illegible] Schip, genaamd [illegible] daar Kapitein op is [illegible] ofte die by eenig voorval in zyn plaats mogt succedeeren, om te varen onder [illegible] Vlag. [illegible]

Art. 1.

Een ieder zal verpligt zyn, op den tyd door den Kapitein bepaald, aan boord te zyn, voorzien van al deszelfs plunje, en al 't gene hy tot de reis zal noodig hebben, het welk ook niet weder van boord zal mogen gebragt worden, het zy geduurende de Reis, of t'Huiskomende, dan met voorkennis, en na behoorlyke visitatie van den Kapitein of Stuurman, op pœne van twee Maanden Gagie voor de zeevarende Armen. — En wanneer den Stuurman of zelfs den Kapitein zulks verzuimen, zullen die ook wederkeerig verbeuren twee Maanden Gagie als boven.

Ook zal niemand weder van Boord moogen gaan, zoo min hier ter Steede, als ook gedurende de Reis buiten 's Lands, zonder Speciaal Concent van den Kapitein, of den in deszelfs plaats Kommandeerende Officier, veel min buiten Boord te vernagten, op de boete van een vierde Maand Gagie, ten behoeve van de Zeevaarende armen.

Art. 2.

De bedongene Maandgelden, waarvan wy by deezen bekennen [illegible] Maand op hand ontvangen te hebben, zoo als by den Schout van 't Waterrecht daarvan aanteekening zal worden gehouden, zullen derzelver aanvang nemen [illegible]

Art. 3.

Wanneer de Kapitein of kommandeerende officier het noodig oordeelt om 's nagts op 't Schip wagt te doen houden, het zy 't Schip nog hier ter Stede ligt, of elders buiten 's Lands zich bevind, zal ieder verpligt zyn daar aan te gehoorzamen: — en zal die geene, welke op zyn wagt slapende bevonden wordt, zoo wel als de ongehoorzame, verbeuren een Maand Gagie ten behoeve van de Zeevarende Armen, en verdere correctie naar bevind van zaken.

Art. 4.

Wanneer de Kapitein of kommandeerende Officieren het zy hier binnen of elders buiten 's Lands, mogten goedvinden het Schip te Ballasten, Kroppen, of hetzelve te Ligten, door het uitlossen en overboordzetten van Goederen in andere Schepen of Vaartuigen, en het weder aan Boord nemen van die zelfde Goederen, zal een ieder verpligt zyn zulks goedwillig te doen, en zoo ook in alle andere gevallen hoegenaamd, ook het Schip te schrapen zoo buiten als binnen Boord, en voorts alles wat Scheepswerk is te doen, zonder eenige tegenspraak en in gevalle van wygering gestraft worden met eene boete van een Maand Gagie voor de Zeevarende Armen.

Art. 5.

In alle opzigten zal de Equipagie verpligt zyn een iegelyk Officier in zyn qualiteit behoorlyk respect en ontzag te bewyzen, doch zich aan dronkenschap, brutaliteiten of ongehoorzaamheid schuldig makende, gestraft worden met eene boete van een Maand Gagie voor de Zeevarende Armen.

Art. 6.

Een ieder zal zich te vreden moeten houden met het Rantzoen, hier nevens bepaald, te weten:

2 ℔ VLEESCH.	1 ℔ BOTER.	½ ℔ SPEK.	1 ℔ STOKVISCH.	3½ ℔ BROOD,	per week.
of 10 Oncen dito.	5 Oncen dito.	2½ Oncen dito.	5 Oncen dito.	1½ ℔ dito	

en by gebrek aan boter 1½ Musje Zoete Oly.

doch indien (dat God verhoede) door eenig toeval, het zy van eene lange Reis of andere oorzaken, by den Kapitein en verdere Officieren noodzakelyk geöordeeld werd, het gemelde Rantzoen te verminderen, zal een ieder der Equipagie verpligt zyn, zich daar mede te vreden te houden, doch Contrarie handelende verbeuren alle deszelfs te goed hebbende Gagie, ten voordeele van de Reedery, en Arbitraire Correctie daarenboven.

Art. 7.

Al wie zich in eenige kwaliteit verhuurd mogt hebben, waartoe hy, nog hier inlandig zynde, ontdekt wordt onbekwaam te zyn, zal het den Kapitein vrystaan denzelven aan Land te zetten, en te dimitteeren, en zal dezelve meede verpligt zyn, de op hand ontvangen Gagie te restitueeren, edoch de ontdekking in Zee of buiten 's Lands geschiedende, zal het den Kapitein vrystaan, dien in zoodanigen dienst aan te stellen, als hy zal vermeenen dat dezelve zal kunnen waarnemen, met toelaage van zoodanige Gagie, als hy zal oordeelen, dat dezelve kan verdienen, en waarmeede die onbekwaame zich zal moeten te vreede houden.

Art. 8.

Al wie, het zy buiten, het zy binnen 's Lands, het Schip verlaat en deserteert, zal verbeuren alle deszelfs verdiende Gagie ten behoeve van het Schip.

Art. 9.

Niemand zal den Kapitein buiten 's Lands in rechten mooge betrekken, maar alle geschillen en klagten tegen den Kapitein zullen hier te Lande arriveerende, moeten worden beslist of vervolgt. Ingeval het Schip buiten 's Lands mogt worden verkogt, afgekeurt, of de verdere reize opgeschort, zoodat de Equipagie moet worden afgedankt, zal de Kapitein verpligt zyn aan een ieder aldaar afrekening, en Assignatie van zyne te goedhebbende Gagie, op deszelfs Boekhouder of Correspondent ter hand te stellen, met behoorlyk Reisgeld of Transport, naar mate van de distantie op hier, zonder dat iemand der Equipagie dien Kapitein zal moogen afvorderen eenige meerdere betaling, veel min deszelfs geheele Gagie, op pœne van Arbitaire Correctie.

En by aldien de Kapitein in het voorenstaande nalaatig mogt zyn, zal de schade dieswegens veroorzaakt, door hem Kapitein aan de Equipagie alhier moeten worden vergoed.

Anexo 2 Contrato de Fretamento do navio Maria em Amsterdã. Parte 1. Fonte: particular.

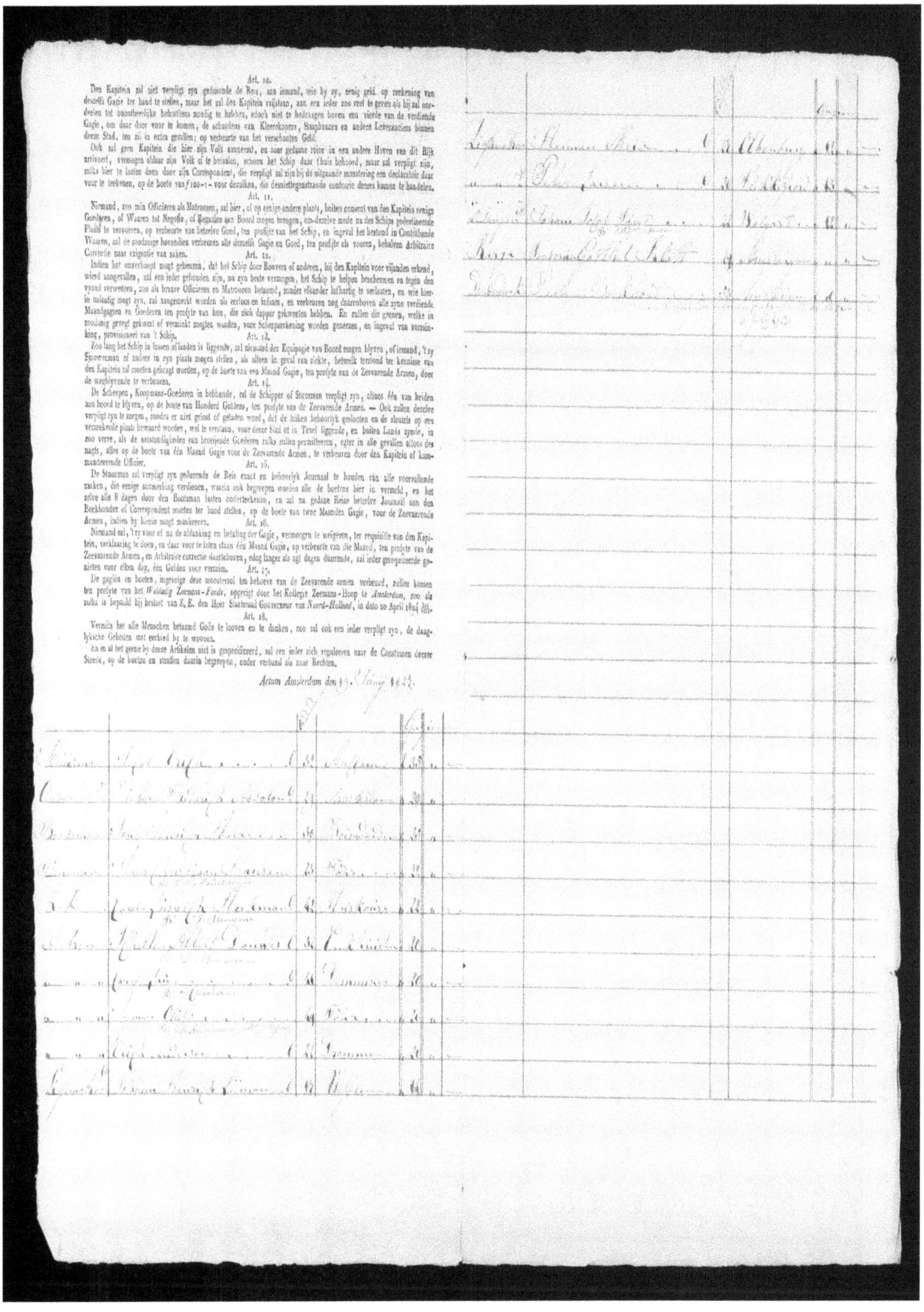

Art. 10.

Den Kapitein zal niet verpligt zyn gedurende de Reis, aan iemand, wie hy zy, eenig geld op rekening van deszelfs Gagie ter hand te stellen, maar het zal den Kapitein vrijstaan, aan een ieder zoo veel te geven als hij zal oordeelen tot onontbeerlijke behoeftens noodig te hebben, edoch niet te bedraagen boven een vierde van de verdiende Gagie, om daar door voor te komen, de schandens van Kleerekopers, Slaapbazen en andere Leveranciers binnen deeze Stad, ten zij in extra gevallen; op verbeurte van het verschooten Geld.

Ook zal geen Kapitein die hier zijn Volk aanneemt, en naar gedaane reize in een andere Haven van dit Rijk arriveert, vermogen aldaar zijn Volk af te betaalen, schoon het Schip daar t'huis behoord, maar zal verpligt zijn, zulks hier te laten doen door zijn Correspondent, die verpligt zal zijn bij de uitgaande monstering een declaratoir daar voor te teekenen, op de boete van f 100-:- voor dezulken, die desniettegenstaande contrarie deezes komen te handelen.

Art. 11.

Niemand, zoo min Officieren als Matroozen, zal hier, of op eenige andere plaats, buiten consent van den Kapitein eenige Goederen, of Waaren tot Negotie, of Regaalen aan Boord mogen brengen, om dezelve mede na des Schips gedestineerde Plaats te vervoeren, op verbeurte van hetzelve Goed, ten profijte van het Schip, en ingeval het bestond in Contrabande Waaren, zal de zodanige bovendien verbeuren alle deszelfs Gagie en Goed, ten profijte als vooren, behalven Arbitraire Correctie naar exigentie van zaken.

Art. 12.

Indien het onverhoopt mogt gebeuren, dat het Schip door Roovers of anderen, bij den Kapitein voor vijanden erkend, wierd aangevallen, zal een ieder gehouden zijn, na zyn beste vermogen, het Schip te helpen beschermen en tegen den vyand verweeren, zoo als braave Officieren en Matroozen betaamd, zonder elkander lafhartig te verlaaten, en wie hierin nalaatig mogt zyn, zal aangemerkt worden als eerloos en infaam, en verbeuren nog daarenboven alle zyne verdiende Maandgagien en Goederen ten profyte van hun, die zich dapper gekweeten hebben. En zullen die geenen, welke in zoodanig gevegt gekwetst of verminkt mogten worden, voor Scheepsrekening worden geneezen, en ingeval van verminking, provisioneel van 't Schip.

Art. 13.

Zoo lang het Schip in lossen of laden is liggende, zal niemand der Equipagie van Boord mogen blyven, of iemand, 't zy Sjouwerman of andere in zyn plaats mogen stellen, als alleen in geval van ziekte, hetwelk terstond ter kennisse van den Kapitein zal moeten gebragt worden, op de boete van een Maand Gagie, ten profyte van de Zeevarende Armen, door de wegblyvende te verbeuren.

Art. 14.

De Scheepen, Koopmans-Goederen in hebbende, zal de Schipper of Stuurman verpligt zyn, altoos één van beiden aan boord te blyven, op de boete van Honderd Guldens, ten profyte van de Zeevarende Armen. — Ook zullen dezelve verpligt zyn te zorgen, zoodra er niet gelost of geladen word, dat de luiken behoorlyk gesloten en de sleutels op een verzekerde plaats bewaard worden, wel te verstaan, voor deeze Stad of in Texel liggende, en buiten Lands zynde, in zoo verre, als de omstandigheden van broeijende Goederen zulks zullen permitteeren, egter in alle gevallen altoos des nagts, alles op de boete van één Maand Gagie voor de Zeevarende Armen, te verbeuren door den Kapitein of kommandeerende Officier.

Art. 15.

De Stuurman zal verpligt zyn gedurende de Reis exact en behoorlyk Journaal te houden van alle voorvallende zaaken, die eenige aanmerking verdienen, waarin ook begrepen worden alle de boetens hier in vermeld, en het zelve alle 8 dagen door den Bootsman laten onderteekenen, en zal na gedane Reize hetzelve Journaal aan den Boekhouder of Correspondent moeten ter hand stellen, op de boete van twee Maanden Gagie, voor de Zeevaarende Armen, indien hy hierin mogt mankeeren.

Art. 16.

Niemand zal, 't zy voor of na de afdanking en betaling der Gagie, vermoogen te weigeren, ter requisitie van den Kapitein, verklaaring te doen, en daar voor te laten staan één Maand Gagie, op verbeurte van die Maand, ten profyte van de Zeevaarende Armen, en Arbitraire correctie daarteboven, edog langer als agt dagen duurende, zal ieder gerequireerde genieten voor elken dag, één Gulden voor verzuim.

Art. 17.

De gagiën en boeten, ingevolge deze monsterrol ten behoeve van de Zeevarende armen verbeurd, zullen komen ten profyte van het *Weldadig Zeemans-Fonds*, opgerigt door het Kollegie Zeemans-Hoop te *Amsterdam*, zoo als zulks is bepaald bij besluit van Z. E. den Heer Staatsraad Gouverneur van *Noord-Holland*, in dato 20 April 1824 [illegible].

Art. 18.

Vermits het alle Menschen betaamd Gode te looven en te danken, zoo zal ook een ieder verpligt zyn, de daaglyksche Gebeden met eerbied by te woonen.

En in al het geene by deeze Artikelen niet is gespecificeerd, zal een ieder zich reguleeren naar de Costumen deezer Steede, op de boeten en straffen daarin begreepen, onder verband als naar Rechten.

Actum Amsterdam den 19. Jany 1827.

Anexo 3 Contrato de Fretamento do navio Maria em Amsterdã. Parte 2. Fonte: particular.

Anexo 4 Contrato de Fretamento do navio Maria em Amsterdã. Parte 3. Fonte: particular.

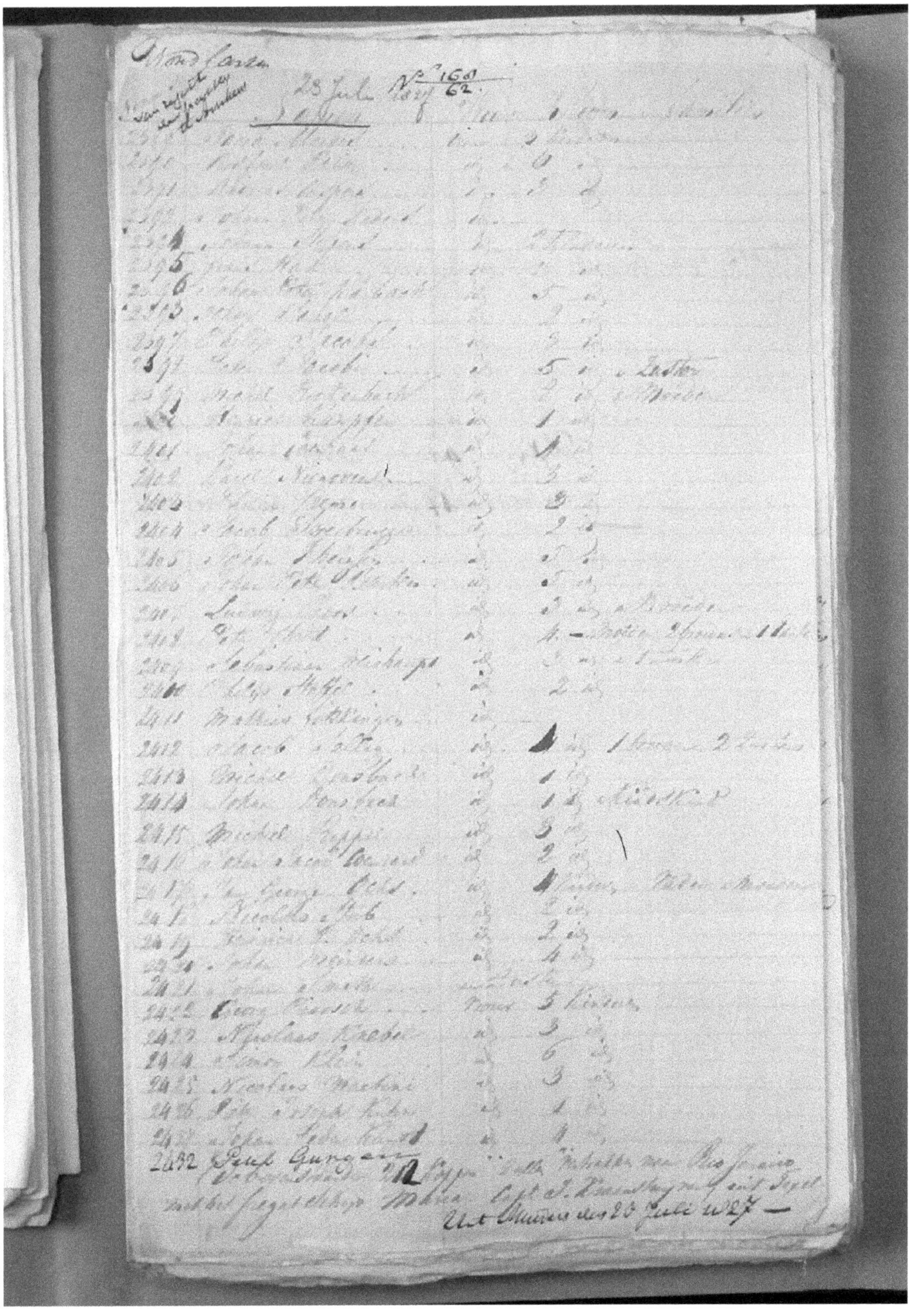

Anexo 5 Relação de imigrantes alemães atravessando a Holanda para embarcar em um navio em Amsterdã rumo ao Brasil. Fonte: Particular.

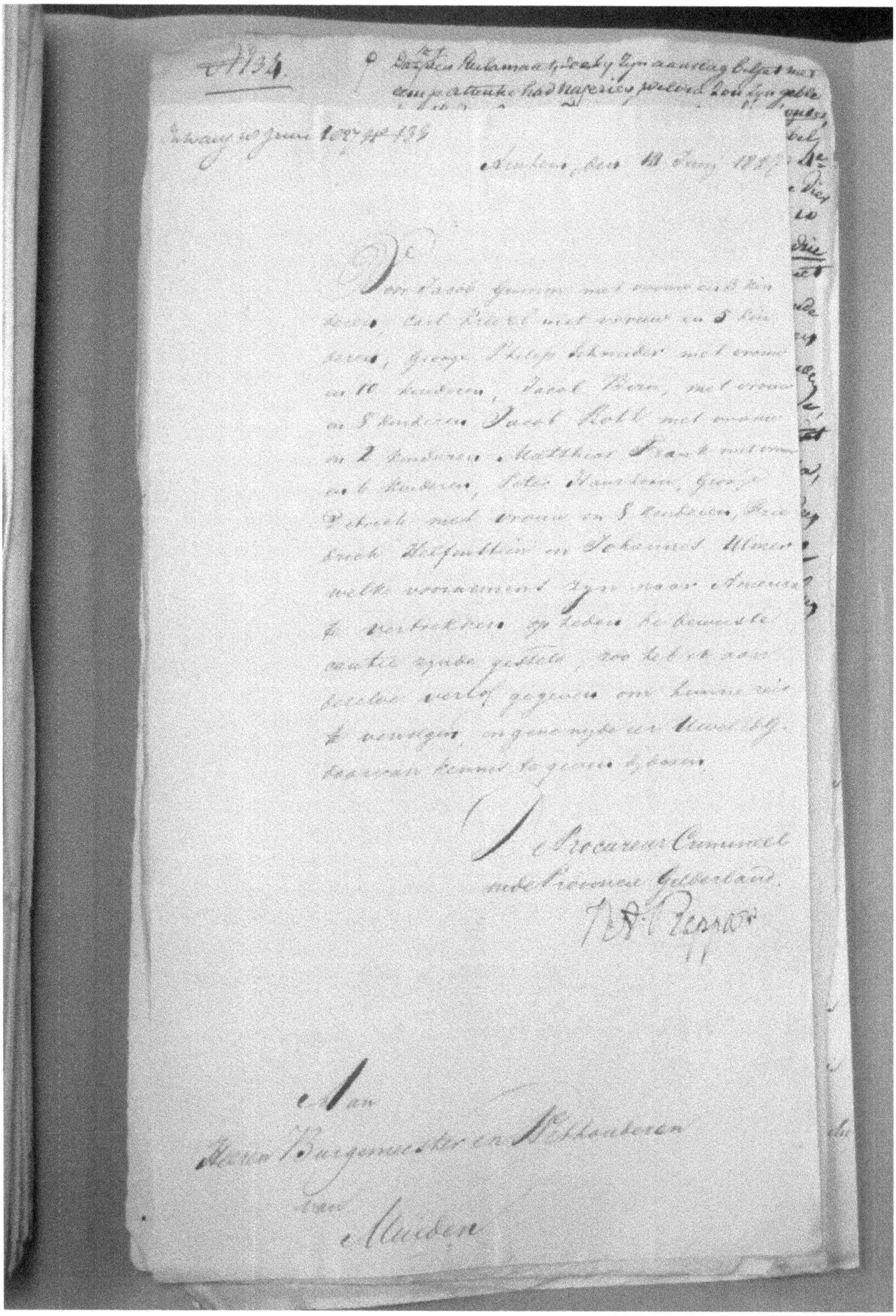

Anexo 6 Relação de imigrantes alemães atravessando a Holanda para embarcar em um navio em Amsterdã rumo ao Brasil. Fonte: Particular.

(410)

em que pedia a restituição de hum documento, que o mesmo Sr. informou estar encerrado em huma das Actas secretas. Determinou-se que se restituisse, ficando copia.

O mesmo Sr. deu parte de huma representação da Camara da Villa Nova de S. José, ácerca de alguns Povos, que se pretendem annexar ao seu districto. A' Commissão de Estatistica.

Deu tambem conta de hum Requerimento de D. Anna Clementina Violante Xavier Botelho. A' Commissão de Petições.

O Sr. Presidente marcou para ordem do dia a discussão do Projecto de Lei para a abertura do Canal do Maranhão: sobre a abertura de estradas, e canaes; sobre a estrada da Serra do Parati: e da Resolução sobre a livraria do S. João de El-Rei.

Levantou-se a Sessão ao meio dia.

Erratas. — No Diario N.º 96, 3.ª pag., col. 1.ª, lin. 58, em lugar de — as — lêa se — os — ib. lin. 67, em lugar de — elle — lêa-se — elles — ib. 2.ª col. lin. 70, em lugar de — 8 de Dezembro — lêa-se — 8 de Outubro.

NOTICIAS MARITIMAS.

ENTRADAS.

Dia 23 de Outubro. — *Brest;* 58 dias; Náo *Port. D. João VI.*, Com. o Cap. de Mar e Guerra *Manoel de Vasconcellos Pereira de Mello*, transporta o Ex.mo Viador João da Rocha Pinto, o Moço da Camara Paulo Martins de Almeida, o Moço Particular João Carlota, e outros criados que forão na dita para Brest de passagem, o Medico Francez Gabrel. — *Bahia;* 9 dias; E. de guerra *Franc. Lires*, Com. o Ten. de Navio *Bayone:* passageiro 1 Francez. — *Falmouth*, 54 dias; P. *Ing. Osborne*, Com. o Ten. *Lulie:* passageiros 4 Hespanhoes Americanos, e 1 Inglez. — *Cabo da Boa Esperança*, pelo *Maranhão*, e *Serra Leoa:* 7 mezes, B. *Ing. Joshu*, M. *José Thomaz Rocher*, equipagem 14, carga vinho, a *Samuel Philip.* — *Gibraltar;* 53 dias; B. *Sardo*, *Brilhante*, M. *Pedro Lombard*, equipagem 10, carga azeite, papel, chumbo, passas, e farinha, a *José da Silva Lemos Junior.* — *Ilha Grande;* 2 dias; E. *Flor d'America*, M. *Manoel Lopes da Silva*, equipagem 6, carga caffé, a *João Antonio de Souza Neto.* — *Bahia;* 9 dias; G. *Amer. Gaonny*, M. *W. Wssony*, equipagem 11, carga sal, a *Samuel Clapp:* passageiros Raymundo de Moraes e Seixas, o Padre Manoel Joaquim Catherino, com 2 criados, e 2 escravos. Dizem que encontrarão no dia 14 do corrente com huma Corveta Corsario de Buenos Ayres denominado Itisingui, que lhe deitarão a bordo Manoel da Silva Braga, o Contra-Mestre e 3 marinheiros da Galera Conceição Feliz que vinha de Pernambuco para este porto, e foi apresada no dia 7 do corrente. — *Mangaratiba;* 2 dias; L. *Conceição e S. Francisco de Paulo*, M. *Manoel Gonçalves de Mendonça*, equipagem 4, carga caffé, a varios. — Dito, dito, L. *Estrella do Norte*, M. *Francisco Dias Cardoso*, equipagem 6, carga caffé, ao M. — Dito, 3 dias; L. *Bom Jesus*, M. *Francisco Fernandes de Castro*, equipagem 3, carga caffé, a varios: passageiro Joaquim Antonio do Amaral. — *Paratí*, pela *Ilha Grande;* 22 dias; L. *Conceição e S. José*, M. *Francisco Antonio da Cunha*, equipagem 5, carga agoardente, e fumo, ao M.: passageiro o Capitão de Veteranos Joaquim Felicio de Sá, com 1 Soldado do mesmo Corpo. — *Antuerpia;* 50 dias; B. *Hol. Antuerps Weluaren*, M. *Nicoláo Peters*, equipagem 10, carga fazendas, armamento, e outros generos, a *Theremin:* passageiros huma Franceza, com 1 filho.

Dia 24 de Outubro. — *Amsterdam;* 85 dias; G. *Hol. Maria*, M. *J. H. Kraan Staquer*, equipagem 15, carga azeite, vinho, e outros generos, a *Brander Brands:* transporta 227 Colonos Prussianos, inclusos 52 mulheres, e 110 crianças. Diz o Mestre que no dia 16 do corrente encontrou huma pequena Escuna Corsario de Buenos Ayres por nome Raio Argentino, 3 legoas ao mar da Redonda, a qual lhe fez fogo com 3 tiros, e vindo o Commandante a seu bordo lhe tomou 12 armas, e 1 caixão de fazendas, e lhe passarão para bordo José Jacinto Pacheco, Mestre do Bergantim Orestes, e a tripulação do dito, que vinha de Angolla, e o tinhão apresado no dia 14 do corrente. — *Santos;* 24 dias; Saveiro *Providencia*, M. *José Fortunato da Silva*, equipagem 3, carga toucinho, assucar, e arroz, a *Domingos Duarte Mansores.* — *Rio Grande;* 13 dias; S. *Mineira*, M. *Joaquim José Baptista*, equipagem 9, carga couros, e sebo, a *Maximiano Antonio de Azevedo:* passageiro o Tenente de Buenos Ayres Gregorio Salvador, prisioneiro de guerra, remettido á Secretaria d'Estado dos Negocios da Guerra. — *Sidney;* 81 dias; G. *Ing. Festk*, M. *W. Sedelsott*, equipagem 25, carga azeite de peixe, madeira, cabos, e lã, a *Miller:* passageiro 5 Inglezes, duas Inglezas, e huma dellas com 3 filhos — Arribada, L. *Conceição dos Anjos*, M. *Manoe Francisco Salvo*, sahio no dia 23 do corrente para a Ilha Grande.

SAHIDAS.

Dia 23 de Outubro. — *Monte Video;* F. *Amer. Macedonia*, Com. *Bedely.* — *Falmouth;* P. *Ing. Trolyc*, Com. o Ten. *Barrou:* passageiro o Inglez Francis Towndes de Berk, com Passaportes da Secretaria d'Estado dos Negocios Estrangeiros. — *Ilha Grande;* L. *Despique*, M. *Custodio de Souza Machado*, equipagem 5, carga telha, e fazendas: passageiro Antonio Pereira dos Santos, com Passaporte da Policia. — Dito, L. *Conceição dos Anjos*, M. *Manoel Francisco*, equipagem 4, carga tijolo. — Dito, L. *Urania*, M. *Francisco Antonio da Silva*, equipagem 3, carga farinha, e carne.

Dia 24 de Outubro. — Nenhuma sahida.

AVISO.

Bilhetes, e meios bilhetes da presente Loteria do Santissimo Sacramento, achão-se pelo seu custo na rua da Quitanda canto da do Rozario.

RIO DE JANEIRO NA IMPRENSA IMPERIAL E NACIONAL.

Anexo 7 Chegada do veleiro Maria no Rio de Janeiro. Fonte: Jornal Império do Brasil: Diário Fluminense. BN.

(538)

risco, quando se póde segurar qualquer quantia a dez por cento de premio sobre o valor dos generos. Nosso correspondente em Cadix nos escreve que não mandemos por ora mais fazenda de alto preço, porque os mercados Hespanhoes estão sobrecarregados; mas fazendas baratas, como algodões (não os fabricamos) encontrarião mui prompta venda. Os mercadores Judeos de Cadix, e Gibraltar tem parte principal neste trafico illicito, e ultimamente tem realisado immensos interesses. A Hespanha está tão desgraçada, que os Officiaes das Alfandegas da costa, e os Militares que são mandados para protege-los, não sendo pagos pelos seus serviços, são facilmente subornados. Hum exemplo, entre cem, daremos do que aconteceu no fim de Julho: — Huma embarcação (a Marianna) ricamente carregada, contendo generos no valor de 23:000 lib., hia entrar no pequeno rio Barbate. Os contrabandistas tiverão logo noticia do facto, e mandarão huma lancha, pedindo que o Capitão sahisse para o mar, e seguisse para Cabo Sara, até que se fizessem os signaes convenientes para desembarcar alli os seus generos. No dia seguinte huma pequena embarcação, que já tinha disposto da maior parte da carga, chegou perto do Rio Barbate; mandarão-lhe outra lancha, e o segurador offereceu tomar todos os generos que o Capitão tinha a bordo com o lucro de 25 por cento, com tanto que elle seguisse para Cabo Sara, e mette-los a bordo da Marianna. Tambem lhe offerecerão comprar o Navio. Aconteceu que o Capitão era dono — o casco alquebrado, e çafado, pelo qual estimou receber 500 libras. Depois que os generos forão postos a bordo da Marianna, o Capitão deixou-o ao cuidado de seis marinheiros para a levarem ao Rio Barbate. Entretanto o segurador avisou o Official, que governava os da Alfandega, que em tal dia, e a tal hora, fazia tenção de desembarcar consideravel quantidade de generos no Rio Barbate, e que havia toda a probabilidade de huma resistencia determinada, se se quizesse embaraçar o desembarque dos generos. Estas medidas extraordinarias tomarão-se por ter chegado hum Official de Madrid, que se dizia não ser subornavel. O ultimo immediatamente mandou correios em todas as direcções pedir o soccorro de Militares e Officiaes de Alfandega. Como se dizia, chegou hum navio ao rio Barbate, e tomarão posse delle sem resistencia alguma. Estava completamente vazio, e quando os marinheiros referirão as ordens que tinhão recebido, manifestou-se toda a verdade, mas era muito tarde: — a Marianna tinha tido tempo de despejar toda a carga — e quando os Officiaes voltarão a Cabo Sara, os generos tinhão desapparecido, e a Marianna tinha levado ferro.

O negocio está muito frouxo. Recebemos mui poucas encommendas para o consummo interior, e temos inteiramente declinado o commercio com a America do Sul; em verdade teria sido huma felicidade para os nossos fabricantes, se não tivessem trafico com o povo além do Atlantico: excepto porém os Estados Unidos, aos quaes ainda continuamos a exportar nossos generos, mas os Inglezes de certo fazem melhor feira que nós.

NOTICIAS MARITIMAS.

ENTRADAS.

Dia 1 de Dezembro. — *Falmouth*; 40 dias; P. *Ing. Sphynx*, Com. o Ten. *Passins Jean.* — *Trieste*, pela *Bahia*; 50 dias; B. *Ing. Tresty*, M. *James Sandedon*, equipagem 12, carga bacalháo, manteiga, e outros generos, a *Le Breton.* Diz ó Mestre que duas milhas distante desta barra hum pequeno Corsario lhe déra hum tiro para o reconhecer. — *Bahia*; 6 dias; B. *Amer. Ontario*, M. *Hugh Mc. Kenzie*, equipagem 10, carga differentes generos, a *Birckhead.* — *Cabo Frio*; 2 dias; L. S. *José Augusto*, M. *João José Lopes*, equipagem 5, carga milho, caffé, e fejão, a *Geraldo José da Cunha.* — Dito, 1 dia; L. S. *Francisco Voador*, M. *Manoel Ferreira dos Santos*, equipagem 5, carga milho, e fejão, a varios. — *S. Matheus*; 7 dias; S. *Alegria dos Anjos*, M. *Luiz Manoel de Gouvêa*, equipagem 6, carga farinha, ao M.: passageiro o Indio João, prezo remettido ao Regedor da Justiça.

Dia 2 de Dezembro. — De cruzar, B. de guerra *Pampeiro*, Com. o Cap. Ten. *Pedro Ferreira*; sahio deste porto em 27 de Novembro. — Dito, B. de guerra *Quinze de Agosto*, Com. o 1.º Ten. *João Evangelista de Araujo Pitada*; sahio em 27 de Novembro. — *Liverpool*; 67 dias; B. *Ing. Minerva*, M. *J. D. Sanden*, equipagem 10, carga ferro, manteiga, e cerveja, a *W. Harrison, e C.*

SAHIDAS.

Dia 1 de Dezembro. — *Falmouth*; P. *Ing. Mutine*, Com. *Panch.* — *Trieste*; B. *Ing. Collings e Marian*, M. *Matheus Sarre*, equipagem 8, carga caffé, e assucar. — *New York*; G. *Amer. Brilhante*, M. *Exell*, equipagem 21, carga caffé: passageiros James Atten Junior, com 1 filho, Mr. Heman Atten, com sua mulher, e huma criada, com Passaportes da Secretaria d'Estado dos Negocios Estrangeiros. — *Santos*; G. *Hol. Maria*, M. *Kraanstuyner*, equipagem 15, em lastro: transporta 42 familias, e 5 homens Colonos Prussianos: passageira Gertrudes Thereza, por Ordem Superior. — *Ilha Grande*; L. *Urania*, M. *Antonio Francisco da Silva*, equipagem 3, carga farinha de trigo: passageiro José Lopes, com Passaporte da Policia. — *Cabo Frio*; L. S. *João Baptista*, M. *José d'Oliveira Marques*, equipagem 4, em lastro: passageiro Francisco Antonio, com Passaporte da Policia. — Dito, L. *Feliz Victoria*, M. *Manoel Ferreira Talaia*, equipagem 4, em lastro.

Dia 2 de Dezembro. — Em commissão, B. de guerra *Beaurepaire*, Com. o Cap. Ten. *Antonio Alberto dos Santos Lopes*, foi rebocado pelo Correio Brasileiro.

AVISOS.

A roda da 16.ª loteria do Imperial Theatro de S. Pedro de Alcantara anda impreterivelmente no proximo mez de Dezembro. Os bilhetes continuão a vender-se no Banco, e na loja de livros de João Pedro da Veiga e Comp., rua da Quitanda canto da de S. Pedro.

Em caza de Francisco das Chagas Ribeiro na rua da Quitanda N.º 111 se acha huma convenção, ou subscripção de premio ao inventor do novo methodo de moer a cana de assucar sem risco dos escravos, por aquellas pessoas, que delle quizerem fazer uso. Adverte-se mais, que esta machina occupa menos animaes e escravos para a sua moagem.

RIO DE JANEIRO NA IMRRENSA IMPERIAL E NACIONAL.

Anexo 8 Saída do veleiro Maria no Rio de Janeiro destino a Santos/SP. Fonte: Jornal Império do Brasil: Diário Fluminense. BN.

APÊNDICES

OUTRAS OBRAS DO AUTOR

As seguintes obras gratuitas podem ser obtidas via download:

- Artigo "**A Colônia Italiana de Caxias no Rio Grande do Sul e a Influência dos Imigrantes Alemães"**
- Artigo "**A Procura pelo Navio Cäcilia**"
- Artigo "**Major Georg Anton von Schäffer e a Imigração Alemã no Brasil**"
- Artigo **"O Início da Colônia Alemã de Santo Amaro em São Paulo"**
- Lista de passageiros do navio **Argus - 1824**
- Lista de passageiros do navio **Der Kranich (2ª viagem) - 1826**
- Lista de passageiros do navio **Helena Maria - 1828**
- Lista de passageiros do navio **Olbers - 1828**
- Lista de passageiros do navio **James Laing – 1829**
- **Relação de Navios com Imigrantes Alemães Para o Brasil 1824-1830**

Livros/E-books disponíveis (verifique as opções) para compra (primeiras páginas gratuitas):

- **Imigração Alemã no Brasil: Navios e Passageiros Anos 1824 e 1825/** Ademar Felipe Fey. 3ª ed. Caxias do Sul: Ademar Felipe Fey, 2021.
- **Imigração Alemã no Brasil: Navios e Passageiros Anos 1826 e 1827/** Ademar Felipe Fey. 3ª ed. Caxias do Sul: Ademar Felipe Fey, 2021.
- **Imigração Alemã no Brasil: Navios e Passageiros Anos 1828 a 1830/** Ademar Felipe Fey. 3ª ed. Caxias do Sul: Ademar Felipe Fey, 2021.
- **Imigração Alemã no Brasil: Navios e Passageiros Anos 1824 a 1830/** Ademar Felipe Fey. 5ª ed. Caxias do Sul: Ademar Felipe Fey, 2021.
- **Navio Cäcilia: Lenda & Realidade/** Ademar Felipe Fey. Caxias do Sul: Ademar Felipe Fey, 2019.
- **A Saga dos Fey: A Busca pela Nova Pátria/** Ademar Felipe Fey. Caxias do Sul: Ademar Felipe Fey, 2019.
- **Navio Argus - Ano 1824: Imigração Alemã no Brasil/** Ademar Felipe Fey. Caxias do Sul: Ademar Felipe Fey, 2020.
- **Navio Charlotte & Louise - Ano 1828: Imigração Alemã no Brasil/** Ademar Felipe Fey. Caxias do Sul: Ademar Felipe Fey, 2020.
- **Navio Caroline (2ª viagem) – Ano 1825: Imigração Alemã no Brasil/** Ademar Felipe Fey. Caxias do Sul: Ademar Felipe Fey, 2021.
- **Navio Johanna Jacoba – Ano 1828: Imigração Alemã no Brasil/** Ademar Felipe Fey. Caxias do Sul: Ademar Felipe Fey, 2021.
- **Navio Actif – Ano 1828: Imigração Alemã no Brasil/** Ademar Felipe Fey. Caxias do Sul: Ademar Felipe Fey, 2022.

- **Navio Maria – Ano 1827: Imigração Alemã no Brasil**/ Ademar Felipe Fey. Caxias do Sul: Ademar Felipe Fey, 2023.

Acesse o site https://imigracaoalemanobrasil.com ou o site http://www.familiafey.wordpress.com e selecione a obra desejada a partir do cabeçalho da página inicial.

Contato:

Ademar Felipe Fey
ademar.fey@gmail.com

www.ingramcontent.com/pod-product-compliance
Ingram Content Group UK Ltd.
Pitfield, Milton Keynes, MK11 3LW, UK
UKHW051809260826
14628UKWH00010B/3337

9 786500 612097